BEST 高能经验萃取

将优秀经验转化为绩效成果

邱 伟◎著

電子工業出版社
Publishing House of Electronics Industry
北京 · BEIJING

内容简介

这是一本手把手教读者经验萃取的操作宝典，也是一本集合了数十家企业萃取经验的案例宝典。本书通过 BEST 高能经验萃取“鱼”模型的四个步骤，详细讲述了如何选取有价值的萃取主题，如何萃取业务专家“头”“身”“足”“包”四个层面的优秀经验，如何让业务专家的优秀经验更易于掌握，以及如何借助岗位经验操作宝典、情景案例和视频微课学习业务专家优秀经验的系统性方法和技巧。

图书在版编目（CIP）数据

BEST 高能经验萃取：将优秀经验转化为绩效成果 / 邱伟著. —北京：电子工业出版社，2020.1

ISBN 978-7-121-38192-8

Ⅰ. ①B… Ⅱ. ①邱… Ⅲ. ①企业管理－职工培训 Ⅳ. ①F272.921

中国版本图书馆 CIP 数据核字（2019）第 298137 号

责任编辑：晋　晶
文字编辑：杨洪军
特约编辑：田学清
印　　刷：北京盛通商印快线网络科技有限公司
装　　订：北京盛通商印快线网络科技有限公司
出版发行：电子工业出版社
　　　　　北京市海淀区万寿路 173 信箱　邮编 100036
开　　本：720×1000　1/16　印张：12　字数：121 千字
版　　次：2020 年 1 月第 1 版
印　　次：2023 年 9 月第 13 次印刷
定　　价：59.00 元

凡所购买电子工业出版社图书有缺损问题，请向购买书店调换。若书店售缺，请与本社发行部联系，联系及邮购电话：（010）88254888，88258888。

质量投诉请发邮件至 zlts@phei.com.cn，盗版侵权举报请发邮件至 dbqq@phei.com.cn。

本书咨询联系方式：（010）88254199，sjb@phei.com.cn。

序

在你所熟悉的企业中，你是否经常看到这样的现象：一旦企业的业务专家离开其所在的工作岗位，储存在该业务专家大脑中的经验也将随之被带走，继任者将不得不从头开始摸索，甚至这些业务专家一旦离开企业，那些关系企业经营运作的重要经验也将失去。

许多企业都会宣扬“员工是我们最宝贵的资产”“知识无价”“知识就是力量”等我们所熟悉的口号，但很少有企业像对待有形资产一样，将业务专家的经验列入自己的资产负债表中。比如，企业对于市场营销方面的经验可能储存在销售人员的大脑中，可能写入了营销人员的策划报告中，也可能储存在客服人员的大脑中或工作记录中。因此，这些经验将无法转化为“组织智慧”，更不能成为“企业资产”。

一些企业宁肯花大价钱聘请咨询顾问、业务专家，也不愿意求教于内部员工。事实上，每家企业都可能是“藏龙卧虎”之地，但由于种种原因，很多企业对内部员工的隐性经验缺乏客观的认识。比如，有的员工在原企业中只是普通的一员，流动出去后就变成了“人才”。

萃取是使业务专家的经验得到升值的有效方法。在企业中，80%的业绩通常是由 20%的人创造的。在市场竞争中，20%的企业控制着 80%的市场份额，其他 20%的市场份额则由其他 80%的企业来争夺。经验萃取的价值在于，在一家企业中让占比 80%的普通员工的能力水平更接近占比 20%的业务专家的能力水平，让业务专家的经验得到更广泛的复制和传承。

20 世纪 60 年代初，波兰尼首次提出隐性经验的概念，即在一个人所知道的、所意识到的事情与他所表达的事情之间存在着隐含的未编码的知识。他认为，隐性经验来源于个体对外部世界的判断和感知，来源于人类对过往实践的总结。如何将业务专家大脑中的隐性经验萃取出来，将这些经验转化为企业的资产？如何激活每位业务专家的经验，让这些经验成为带动企业持续增值的原动力？如何让员工掌握一套萃取方法，从而快速成长？如何将萃取出的业务专家的经验有效传承落地？这些是本书所探讨的内容。

本书是对我多年从事企业咨询与课程开发经验的萃取，我会将这些经验分享给大家。

我衷心地感谢多年来一直信任我的企业和学员，在为你们服务的过程中，我不断成长并积累了丰富的实践经验；感谢电子工业出版社的晋晶老师和杨洪军老师在本书编辑、出版过程中给予我的巨大帮助；特别感谢我的爱人张娜，本书中的插图都是由她亲笔手绘的，她的作品为本书增色不少。

由于本人的学识水平有限，本书还存在一定的不足，还望广大读者不吝赐教。

邱　伟

2019 年 3 月

全书手绘导图

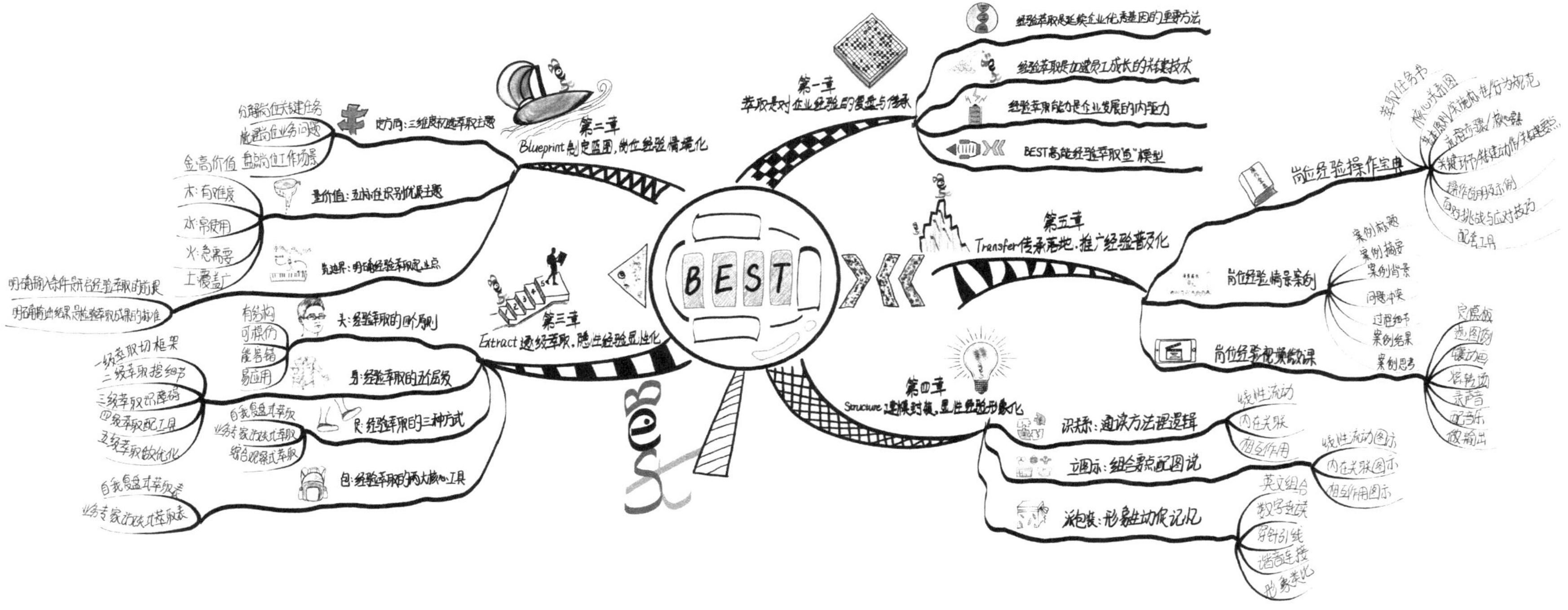
BEST
第一章
萃取是对企业经验的复盘与传承
经验萃取是延续企业优秀基因的重要方法
经验萃取是加速员工成长的关键技术
经验萃取能力是企业发展的内驱力
BEST高能经验萃取"道"模型
第二章
Blueprint 创建蓝图，岗位经验精确化
定方向：三维度初选萃取主题
分解岗位关键任务
梳理岗位业务问题
盘点岗位工作场景
量价值：五维度识别优质主题
金：高价值
木：有难度
水：常使用
火：急需要
土：覆盖广
画边界：明确经验萃取起止点
明确输入条件界定经验萃取的前提
明确输出结果是检验萃取成果的标准
第三章
Extract 透视萃取，隐性经验显性化
大：经验萃取的四原则
有结构
可模仿
能复制
易应用
易：经验萃取的五层级
一级萃取切框架
二级萃取捋细节
三级萃取识障碍
四级萃取配工具
五级萃取做优化
民：经验萃取的三种方式
自我复盘式萃取
业务专家访谈式萃取
综合观察式萃取
包：经验萃取的两大核心工具
自我复盘式萃取表
业务专家访谈式萃取表
第四章
Structure 建模封装，显性经验形象化
识关系：通读方法理逻辑
线性流动
内在关联
相互作用
立图示：组合要点配图说
线性流动图示
内在关联图示
相互作用图示
巧包装：形象生动促记忆
英文组合
数字速读
穿针引线
谐音连接
形象类比
第五章
Transfer 传承落地，推广经验普及化
岗位经验操作宝典
萃取任务书
核心关系图
关键环节/关键动作/关键要点
操作的用途示例
面对挑战与应对技巧
配套工具
岗位经验情景案例
案例标题
案例摘要
案例背景
问题冲突
过程细节
案例结果
案例思考
岗位经验视频微课
定模板
选图例
做动画
搭结构
录声音
配音乐
做输出

目录

第一章

萃取是对企业经验的复盘与传承

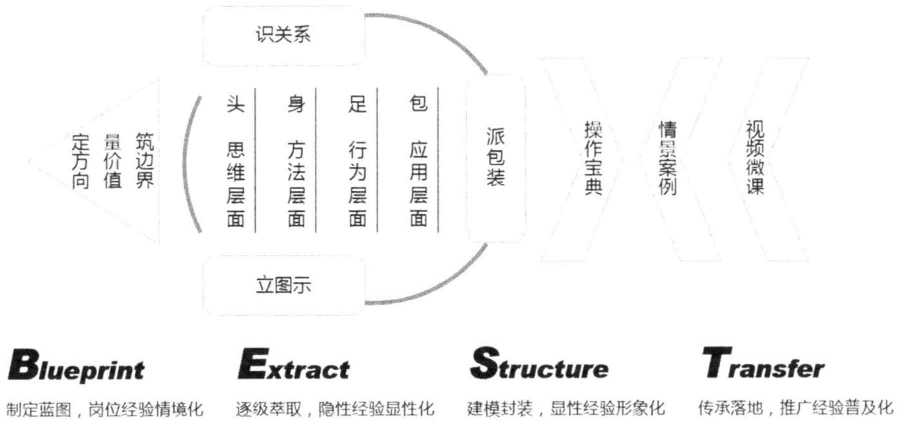

BEST 高能经验萃取“鱼”模型

【本章导图】

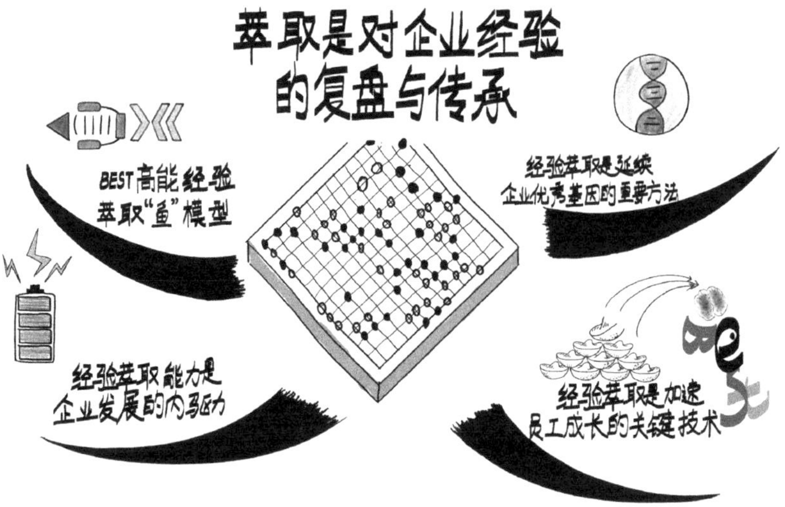

“复盘”原是围棋术语，本意是对弈者下完一盘棋之后，重新在棋盘上把对弈过程演示一遍，看看哪些地方下得好，哪些地方下得不好，哪些地方可以有不同甚至更好的下法，等等。这个把对弈过程还原并且对双方攻守进行研讨、分析的过程就是复盘。通过复盘，棋手们可以从全局的角度来观察整个对弈过程，了解棋局的演变，总结出自己擅长和战胜不同对手的经验，或者找到更好的下法，从而使自己的棋力得到提升。在企业的经营与管理中，经验萃取就像围棋的复盘一样，是指萃取者复盘业务专家的经历，将业务专家大脑中的隐性经验转化为显性知识的技术。

经验萃取是延续企业优秀基因的重要方法

我曾听过这样一个故事。一家企业进口的机器坏了，无法正常生产，该企业就请老工程师回来修理。老工程师在机器的一个地方画了一个“圈”，并说“就是这里坏了”，然后企业就按照这个“圈”所在的位置把机器修好了。后来，老工程师寄给企业一张账单，向其索要10万元的维修费。企业领导说：“不就是画了一个圈吗，怎么能值10万元？”老工程师说：“画一个圈就值1元，但是知道在哪里画这个圈是别人做不到的，这是我的价值。”类似故事中的情景几乎每天都在上演，主要原因就是企业不重视对业务专家经验的萃取。

经验萃取对于企业的价值正如文字对于人类的价值。人类发展的关键在于有了文字记录，文字传承了人类的智慧，记录了历史的变迁，推动了社会的进步。通过文字的记载，后人总结了前人历练的精华，这使后人在短时间内能迅速掌握前人累积的知识和技术。经验萃取减少了员工不必要的探索，使企业的优秀基因被传承下去。

经验萃取使企业师徒制的优秀基因得以延续。员工的成长过程，从本质上来说，是员工系统地学习企业经验的过程，而师徒制正是一种有效的经验萃取的组织形式。在工作过程中，徒弟会观察和模仿师傅的行为方式，理解并体会师傅的思维过程，然后自己亲自操作、反复试验、不断思考，由浅入深地逐步建立对工作方法和技能的认知，直至掌握并熟练运用全套操作工艺和思维方式；师傅会给徒弟提供观察、模仿的机会，通过演示、说明、讲解，让徒弟理解其中的工作原理、掌握解决问题的诀窍，并在徒弟独立操作的过程中给予指导。实际上，师徒制是徒弟萃取和延续师傅的经验，并在师傅的帮助下快速成长的一种人才培养方式。这种师徒制的学习过程，就是对经验的萃取过程和应用过程，徒弟通过观察、模仿师傅的行为，在“做与学”中吸收师傅的隐性经验。

经验萃取是加速员工成长的关键技术

一个部门虽然只有十几个人，但如果企业没有对部门经验进行汇总，好的经验得不到推广，员工就需要从头开始学习。如何加速企业员工的成长？其中一个有效的方法就是萃取。爱因斯坦曾经说过，人并不能在相同的认知水平上解决原来的问题，因为这样的认知水平，正是产生问题的原因。一个人的学习与成长通常是这样一个过程：通过对自己过往的经历与已有的经验进行反思，从中萃取出一般性的原则和规律，在新的工作与生活中自觉遵守与运用这些原则和规律，以使自己快速成长。

信息加工心理学家洛林·安德森认为，业务专家之所以能够更快、更有效地解决问题，是因为他们具备以下能力：（1）掌握了解决问题或解决部分问题所需要的行动顺序；（2）能够在表面看起来完全不同的问题中，发现其相同的本质；（3）能够把外显的陈述性知识转化为可以直接应用的程序性知识。所以，企业不仅要对有形资本进行管理，还要将业务专家大脑中的隐性经验萃取为可传承、可复制的显性知识，然后将其作为企业的知识资产供员工学习和使用。

经验萃取能力是企业发展的内驱力

员工拥有经验萃取能力，才能让企业保持持续的动力。有这样一句流传甚广的生活哲学名言——鸡蛋，从外打破是食物，从内破壳是生命。企业亦是如此，从外打破是压力，从内破壳是成长。一个企业保持活力的“核心武器”是让员工拥有内化成长的经验萃取能力。

美国陆军有一种训练手段，叫作“行动后点评”（After-Action Review，AAR）。

西点军校对此的评价是，在过去这些年里，AAR 已经彻底改变了整个美国陆军。AAR 的意思是，不管是在训练结束之后，还是在真正的战斗结束之后，所有士兵和军官要一起讨论这次行动的得失。在讨论的过程中，大家要畅所欲言，士兵要直言不讳地给军官指出错误，告诉他哪个地方指挥错了，然后上级有针对性地进行改进，提出新的改善计划和训练纲要。即使经验丰富的军官也做不到每战必胜，只有从过去的经历中不断萃取经验，才能做到防微杜渐。美国陆军通过 AAR 在复盘的过程中萃取经验，让所有士兵和军官拥有成长的内驱力。

BEST 高能经验萃取“鱼”模型

既要授人以“鱼”，又要授人以“渔”，BEST 高能经验萃取“鱼”模型是一条能够授人以“渔”的“鱼”。如图 1-1 所示，BEST 高能经验萃取“鱼”模型共分为四个步骤：（1）Blueprint 制定蓝图，岗位经验情境化；（2）Extract 逐级萃取，隐性经验显性化；（3）Structure 建模封装，显性经验形象化；（4）Transfer 传承落地，推广经验普及化。

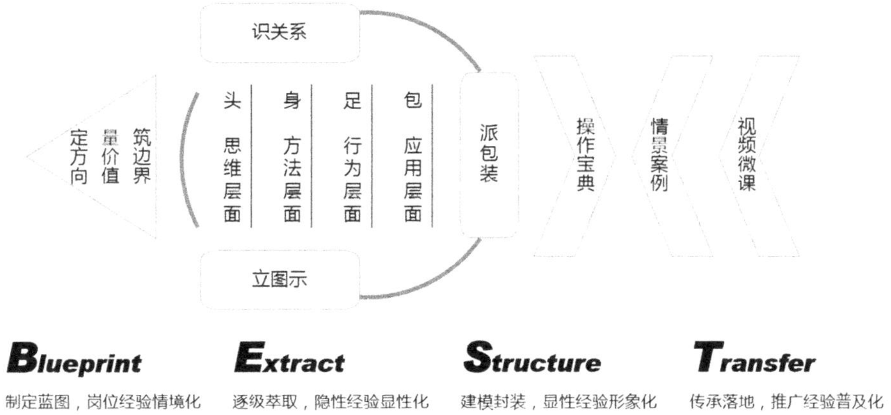

图 1-1　BEST 高能经验萃取“鱼”模型

在本书中，我将针对 BEST 高能经验萃取“鱼”模型的四个步骤，依次讲解如何选定经验萃取的主题、如何萃取业务专家的经验、如何让业务专家的经验更易于掌握，以及如何将业务专家的经验转化为企业知识资产。

本章回顾

下面是针对本章内容的要点回顾，请选出正确的答案。

1. 在企业的经营与管理中，经验萃取就像围棋的复盘一样，是指萃取者复盘业务专家的经历，将业务专家大脑中的隐性经验转化为显性知识的技术。（正确/错误）

2. 经验萃取阻碍了企业师徒制的优秀基因的延续。（正确/错误）

3. 一个人的学习与成长通常是这样一个过程：通过工作与生活获得经历与经验，经过对经历与经验的反思，萃取出一般性的原则和规律，在新的工作与生活中自觉遵守与运用这些原则和规律，以使自己快速成长。（正确/错误）

4. BEST 高能经验萃取“鱼”模型共四个步骤：（1）Blueprint 制定蓝图，岗位经验情境化；（2）Extract 逐级萃取，隐性经验显性化；（3）Structure 建模封装，显性经验形象化；（4）Transfer 传承落地，推广经验普及化。（正确/错误）

参考答案

1. 正确

2. 错误

3. 正确

4. 正确

第二章

Blueprint 制定蓝图，岗位经验情境化

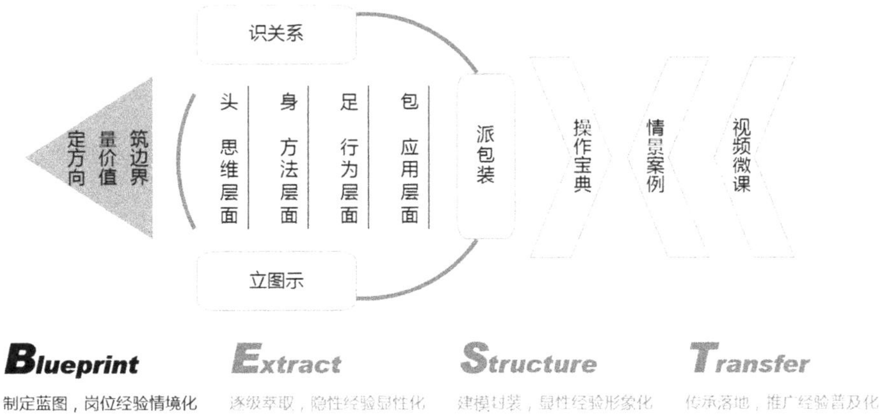

BEST 高能经验萃取“鱼”模型

【本章导图】

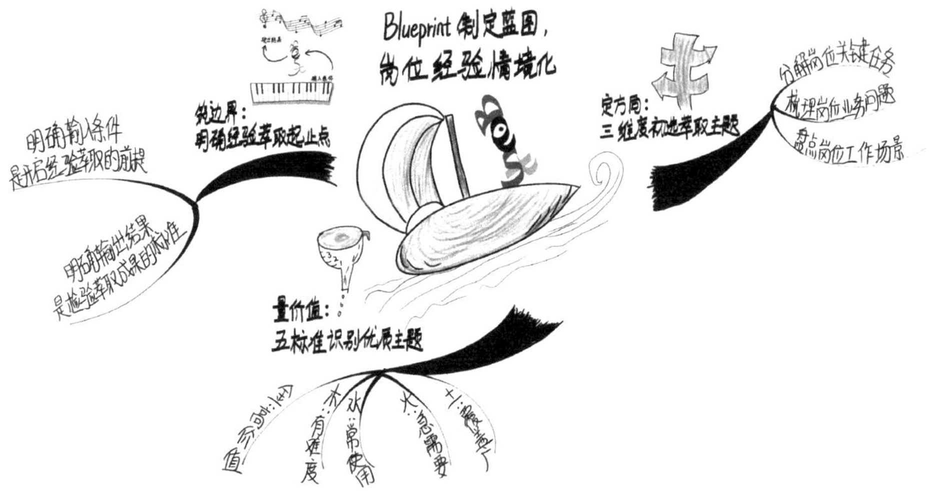

选对萃取经验的时机是非常重要的。孟子在《孟子·公孙丑上》中说："虽有智慧，不如乘势；虽有镃基，不如待时。"这句话的意思是，虽然你很聪明，但必须等到时机成熟，你的智慧才能发挥到位；虽然你有种田的锄头，可是要等到耕田的季节去种田才有收获。对于企业来讲，开展经验萃取同样也要选对时机，企业一般在以下六个时机比较适合实施经验萃取。第一是在核心人才离职率高时，企业应将这些人才的经验提前萃取出来，使其成为企业的知识资产。第二是在企业规模扩大时，企业需要快速培养新人，萃取可以使业务专家的岗位经验成为新员工成长的"营养剂"。第三是在业务专家离任时，企业应将他们的岗位经验萃取出来，以促进企业长久良性的发展。第四是在某项重要工作需要批量复制人才时，企业应萃取出成熟的岗位经验并将其作为标准流程或操作手册，让普通员工学习，这样可以使他们快速成长。第五是在某项工作中员工频繁出错时，萃取出的岗位经验可以使员工少犯错误，从而为企业减少不必要的损失。第六是在企业打造行业标杆时，萃取核心岗位的优秀经验，将其作为行业的标杆课程和认证体系，这样可以扩大企业在行业中的影响力。

经验的颗粒度越小，越容易被学习和掌握。在体育和音乐训练中，通常强调"分块"学习，首先把整个动作或整首曲子过一遍，看业务专家是怎么做的，然后再把它分解为很多小块，一块一块地进行练习，逐步掌握。

BEST 高能经验萃取"鱼"模型的第一步是"Blueprint 制定蓝图，岗位经验情境化"。通过聚焦岗位工作情境或岗位具体业务问题，确保萃取主题的颗粒度和价值性。首先，定方向，通过三个维度初步选定萃取主题，同时确保萃取主题的颗粒度适中；其次，量价值，运用五个标准识别出对企业有价值的一系列萃取主题，绘制岗位经验萃取蓝图；最后，筑边界，明确经验萃取的起止点，即明确所需萃取经验的输入条件和输出结果。

定方向：三维度初选萃取主题

企业在选择萃取主题时，可以从三个维度入手，它们分别是分解岗位关键任务、梳理岗位业务问题和盘点岗位工作场景。

分解岗位关键任务

在企业中，每个岗位都有相应的职责，每项职责又会被细化为具体的工作任务，而每个任务还可能被划分为更具体的子任务，这些任务和子任务都可以作为萃取的主题。分解岗位关键任务可分为两个步骤：第一步，列举岗位职责对应任务；第二步，形成岗位任务地图。其操作过程如图 2-1 所示。

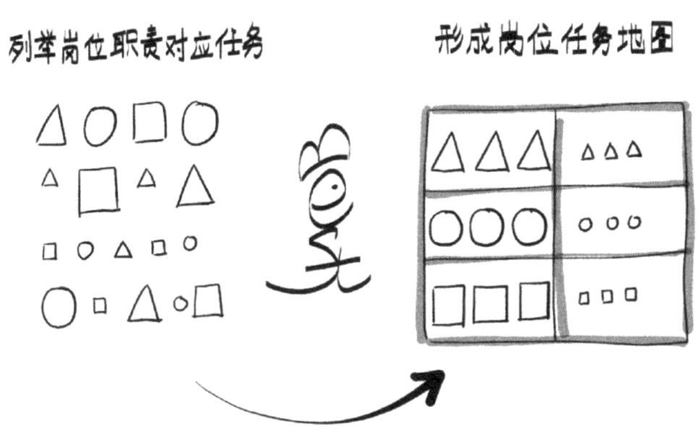

图 2-1　分解岗位关键任务

【案例 2-1】银行新任柜员快速成长宝典

某银行希望新任柜员能够快速掌握岗位核心技能，以适应实际工作，在三个月内成为一名优秀的员工。

第一步，列举岗位职责对应任务。该银行首先邀请了拥有多年经验的业务专家和人力资源管理者，让他们针对柜员岗位职责列举柜员应该完成的所有工作任务，如表 2-1 所示（由于篇幅有限，表中内容为节选）。需要注意的是，在罗列工作任务时，大家不用细分哪些是一级任务、哪些是子任务，只需要根据岗位职责充分列出即可。

表 2-1　岗位职责对应的任务和子任务（节选）

办理存/取款业务	办理 B 股转账	办理结售汇业务
办理开/销户	个人汇款 CPS 大小额	办理挂失业务
挂失销户	办理国内结算业务	借记卡开户
支付跨境人民币	撤销临时挂失	换卡及领卡
远期结售汇	外币存/取款	办理境内外币划转
开立外币汇票	本币存/取款	介质与密码同时挂失
境内居民开立基金账户	支票取现	借记卡卡片挂失与密码挂失
短信通知服务的开立和取消	办理外汇宝	外管政策（额度）
打印历史交易明细	办理光票托收	现金结售汇
开户许可证的挂失	出售重要空白凭证	账户结售汇

续表

存折/单开销户	行内汇款	密码挂失
开立兑付本票	实物贵金属销售	查询查复（含银行承兑汇票）
办理对私销户	购买账务贵金属	办理贵金属及理财业务
办理国际结算业务	保险的线上/线下出单	ATM 操作
办理海外电汇	公司存款	买理财/基金操作
兑付旅行支票	大额存单	POS 机入账
借记卡销户	办理对公开户及资料变更	ATM 清机操作
转账（存/取款）	办理对公销户	存单挂失
转账（结售汇）	检查凭证打印纸	—
结售汇统计码	ATM 故障排除与报修	—
转账冲正	办理转账汇款业务	—
结售汇冲正	办理借记卡业务	—

第二步，形成岗位任务地图。对于列举的一级任务和子任务，根据对应的岗位职责进行相应的分组归类，厘清一级任务与子任务之间的从属关系，形成岗位任务地图。岗位任务地图以表格清单的形成展现将更加直观，如表 2-2 所示。

表 2-2　岗位任务清单

序号	一级任务	子任务
1	办理存/取款业务	外币存/取款
		本币存/取款
		支票取现
		公司存款
		大额存单

续表

序号	一级任务	子任务
2	办理开/销户	开户许可证的挂失
		存折/单开销户
		办理对私销户
		办理对公开户及资料变更
		办理对公销户
3	办理国内结算业务	出售重要空白凭证
		开立兑付本票
		查询查复（含银行承兑汇票）
4	办理国际结算业务	办理海外电汇
		兑付旅行支票
		办理外汇宝
		办理光票托收
		支付跨境人民币
		远期结售汇
		开立外币汇票
5	办理转账汇款业务	行内汇款
		办理境内外币划转
		办理 B 股转账
		个人汇款 CPS 大小额
6	办理借记卡业务	借记卡开户
		换卡及领卡
		借记卡销户
		转账（存/取款）
		转账（结售汇）
		境内居民开立基金账户
		短信通知服务的开立和取消
		打印历史交易明细

续表

序号	一级任务	子任务
7	办理结售汇业务	外管政策（额度）
		现金结售汇
		账户结售汇
		结售汇统计码
		转账冲正
		结售汇冲正
8	办理挂失业务	介质与密码同时挂失
		借记卡卡片挂失与密码挂失
		挂失销户
		密码挂失
		存单挂失
		撤销临时挂失
9	办理贵金属及理财业务	实物贵金属销售
		购买账务贵金属
		保险的线上/线下出单
		买理财/基金操作
		POS 机入账
10	ATM 操作	ATM 清机操作
		检查凭证打印纸
		ATM 故障排除与报修

在这个案例中，并非所有的任务都会成为萃取的主题。到底哪个任务能成为萃取的主题？我们会在本章第二节中为大家详细介绍。

梳理岗位业务问题

在选取萃取主题时，我们还可以从企业的战略目标和主营业务入手，使用“萃取选题五问法”循序渐进地挖掘需要萃取的主题。

（1）问战略：对于企业来讲，首先要明确自己当下的核心战略、核心业务和核心产品是什么，为接下来的工作指明方向。

比如：

企业今年的核心战略是什么？

企业今年的核心业务和核心产品是什么？

（2）问目标：通过询问业绩目标和考核目标来量化战略，使战略的描述更加深入和具体，为后续的萃取选题明确标准。

比如：

针对核心业务和核心产品，企业今年想达到的业绩目标是多少？

针对核心业务和核心产品，企业考核的关键指标有哪些？

（3）问任务：询问支撑业绩目标的关键任务和子任务，从而确定可以萃取的主题。

比如：

在完成业绩目标的过程中，哪些是关键任务？

除了这个关键任务，企业还需要完成哪些子任务？

（4）问挑战：通过询问以上任务的核心步骤或关键环节，找到其中将会面临的障碍和挑战，从而选出可以萃取的主题。

比如：

在完成以上工作任务的过程中，有哪些核心步骤或关键环节？

在每一个步骤或环节中，存在哪些障碍或挑战？

（5）问原因：通过分析障碍或挑战，找出背后的关键原因，并将其作为萃取的主题。选取的萃取主题必须是由于人的能力不足或操作错误所造成的。对于客观环境因素所造成的问题，需要对其进行深入具体的分析后，再决定是否将其作为萃取的主题。

比如：

导致这些障碍或挑战出现的关键因素是什么？

哪些是人为因素，哪些是客观环境因素？

在梳理岗位业务问题这个维度时，问战略和问目标是指导萃取方向和定位萃取目标的关键，问任务、问挑战和问原因是为了从一开始就锚定初选萃取主题。

盘点岗位工作场景

盘点岗位工作场景这种选题方式可以独立使用，也可以作为前两种选题方式的深入和细化。比如，某大型百货卖场商品策划主管的核心工作任务之一是如何确定货架资源调整方向，这个工作任务可以直接作为萃取的主题，但由于任务颗粒度偏大，相应的萃取难度也很大。经过对工作任务场景的细化，原主题最终被划分为八个萃取子主题。这些萃取子主题具体包括：（1）在存在销售差异的情况下，如何确定货架资源调整方向；（2）在天气变化的情况下，如何确定货架资源调整方向；（3）在季节变化的情况下，如何确定货架资源调整方向；（4）在法定节假日的情况下，如何确定货架资源调整方向；（5）在新品到货的情况下，如何确定货架资源调整方向；（6）在销售趋势变化的情况下，如何确定货架资源调整方向；（7）在促销活动的情况下，如何确定货架资源调整方向；（8）在商圈变化的情况下，如何确定货架资源调整方向。萃取主题经过场景细化后，既降低了萃取的难度，又保障了萃取成果的质量。

盘点岗位工作场景有两种常见的方式：一种是从人的角度出发，即面对哪些不同的对象；另一种是从事的角度出发，即面对哪些不同的情况。盘点岗位工作场景如图 2-2 所示。

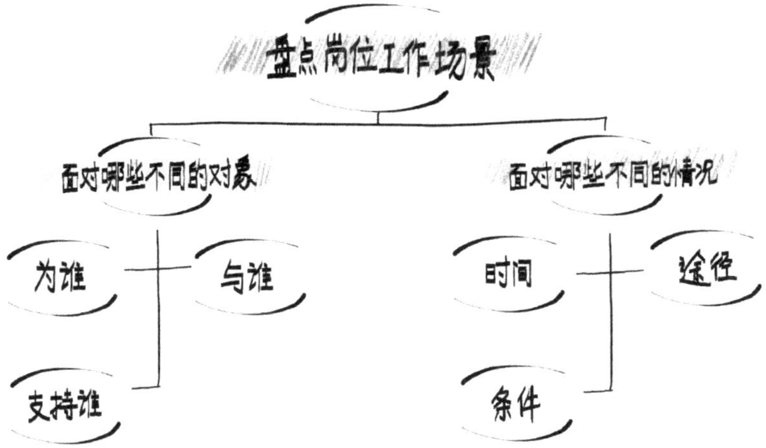

图 2-2　盘点岗位工作场景

面对哪些不同的对象

关于面对哪些不同的对象，可具体分为为谁、与谁、支持谁三种情形。为谁是指这个任务是为谁服务的。比如，在厅堂为老年客户办理业务时，如何提高办理速度和客户满意度；在厅堂为商务人士办理业务时，如何推广增值业务。与谁是指这个任务是与谁一起来完成的。比如，人力资源专员在面谈时如何配合部门主管挽留离职员工。支持谁是指这个任务是用来支持哪个上级部门或领导的。比如，与上级领导进行项目沟通时，如何准确地记录工作任务。

【案例 2-2】如何通过人伤协谈降低保险赔付

Y保险公司是一家全国性股份制财产保险公司，在公司理赔业务中，如何通过人伤协谈降低保险赔付是理赔业务中的关键任务。在课堂上，学员将人伤协谈需要面对的人群分为两类，分别是“第三者”和“客户”。其中，针对“第三者”又分为三类，分别是本人、家属、代理人；针对“客户”也分为三类，分别是驾驶人、被保险人、代理人。不同的人员有不同的诉求，处理的方法自然也会有所区别。针对六类不同的人员（本人、家属、代理人、驾驶人、被保险人、代理人），萃取业务专家的经验，得出的人伤协谈降低保险赔付的方法会更准确，也更容易应用到实际工作中。

面对哪些不同的情况

关于面对哪些不同的情况，可具体分为不同的时间、途径或条件三种情况。也就是说，一个任务发生的时间不同、途径不同、条件不同，所需要的经验也会有所不同。比如，驾校教练在教学员开车时，会针对不同的驾驶时间（白天或夜晚）、不同的途径（手动挡或自动挡）、不同的条件（普通路面或冰雪路面），给出不同的经验和指导。再比如，在指导一个人跑步时，跑步的条件不同（跑步机、马拉松跑道、山地越野跑道等），所需要给出的经验和注意事项也是不同的。

【案例 2-3】如何在会议上做好临时发言

在会议上，临时被邀请发言是一件经常发生的事情。当临时被邀请发言时，发言者需要有一个思考过程，但又不能造成冷场，因此他们需要边铺垫发言边快速准备材料。对于经常参会的人来讲，这些方面的经验是急需且非常重要的。对于这个问题，我们首先要按照时间对发言进行细分，一般来说，发言是有顺序的，第一个发言还是最后一个发言，或者在中间发言，所用到的方法是不同的。然后针对不同的发言顺序，进行对应经验的萃取，这样才能给出正确的指导。

在“定方向：三维度初选萃取主题”这个环节需要把握一个核心原则：只有程序性知识才需要被萃取。从认知心理学的角度来讲，知识分为陈述性知识和程序性知识。陈述性知识是关于事物及其关系的知识，或者说是关于“是什么”的知识，包括对事实、规则、事件等信息的传达，大多数陈述性知识可以通过语言传达，如中国的首都是北京。程序性知识是关于完成某项任务的行为或操作步骤的知识，或者说是关于“如何做”的知识，大多数程序性知识是不能通过语言传达的，如游泳、骑车等。在萃取过程中，陈述性知识属于显性知识，不需要通过萃取就可以制作成课程供大家学习；程序性知识也就是我们经常说的技能，它是储存在业务专家大脑中的隐性知识，需要我们通过萃取的方式把它提炼出来，然后才可以供大家学习。

量价值：五标准识别优质主题

在“定方向：三维度初选萃取主题”这个环节，我们初步选定了萃取主题，但这并不代表马上就要开始萃取，我们还需要识别出那些高价值、有难度、常使用、急需要、覆盖广的主题。当选定的萃取主题满足这五个标准后，我们就可以肯定地说，这是企业值得萃取和推广的经验。针对这五个筛选标准，我结合了“金、木、水、火、土”五个元素，希望能帮助大家理解和记忆，如图 2-3 所示。

图 2-3　衡量萃取主题价值的五个标准

金：高价值

在选择萃取主题时，应该选择那些能够支撑企业核心战略目标的关键任务，应该选择那些能够帮助企业快速提升绩效和降低成本的关键任务。黄金具有高价值的属性，所以我用“金”来代表高价值的经验。

这个萃取主题是否能支撑企业核心战略目标？

这个萃取主题是否能帮助企业快速提升绩效？

这个萃取主题是否能帮助企业快速降低成本？

木：有难度

有难度的经验更值得学习。很多人都有过这样的经历，在曾经一起读书的同学中，有的人虽然很努力、很用心，可学习成绩总是一般；而有的人看起来没怎么用功，但每逢考试却都能取得好成绩。这是为什么呢？有人把这归因为智商差异。这个因素确实存在，但是心理学研究表明，大多数人的智商差异并不大，即便有差异也完全可以通过后天的努力来弥补。那么，究竟是什么原因导致了智商差异不大的个体在学习、工作中会取得不同的成绩呢？美国作家安德斯· 艾利克森和罗伯特·普尔在他们的著作《刻意练习——如何从新手到大师》一书中提到：一旦某个人的表现达到了“可接受”的水平，并且可以做到自动化，那么再多“练习”几年也不会有什么进步，而且还会缓慢退化，这时有目的的练习才会使学习更加有效。一个人遇到的挑战越大，大脑的变化就越大，学习也越高效。

有难度的经验才更能激发员工的学习热情。员工在平时工作中，经过一段时间的磨合和修炼后，是可以胜任大多数工作的。如果他们萃取的经验来自那些平时能够轻松完成的任务，那么他们的学习热情自然不会很高；而那些有难度、经过努力才能完成的任务更容易激发他们的学习热情，从而促使其快速成长。

成长是一个持续的过程，也是一个艰辛的过程，所以我用具有生长属性的“木”来代表有难度的经验。

这个萃取主题在员工平时的学习和应用中是否具有挑战性？

这个萃取主题在工作中是否总是出现差错？

水：常使用

对于员工来讲，萃取出的经验是否经常被用到同样很重要。从认知角度来讲，记住萃取的经验比较容易。但从应用角度来讲，如果一个经验不是员工工作中经常用到的，那么即使当时被熟练掌握，之后也可能被员工慢慢遗忘。

“水”是生命中不可或缺的物质，也是人体能量的主要来源，所以我用“水”来代表常使用的经验。

这个萃取主题在工作中是否被经常用到？

这个萃取主题是否是员工必须掌握的？

火：急需要

急需的经验更有利于推广，急需的经验更容易在工作中见效。如果萃取的经验是员工急需的，就会在推广和应用的过程中起到雪中送炭的效果。十万火急、火烧眉毛、水深火热、火急火燎，我们发现大多数有“火”的词语或成语都体现着紧急或急迫的形势，所以我用“火”字来代表急需的经验。

这个萃取主题是否是员工急需的？

这个萃取主题是否能够快速提升员工的核心能力？

土：覆盖广

使用萃取经验的人越多，其价值越大。如果萃取的经验符合前面四个条件，但是使用这个经验的人很少，那么意味着这个经验的价值也会大打折扣。让 80%的员工优秀起来比让 20%的业务专家变得更优秀所创造出的价值会更大。广袤无垠的土地是人类赖以生存的空间，所以我用“土”来代表覆盖广的经验。

这个萃取主题的适用人群是否广泛？

这个萃取主题的适用场景是否广泛？

我们可以运用五个标准衡量萃取主题的价值，并选定需要萃取的主题。这个主题可以是单一独立的，也可以是系统化的。企业需要将所选主题进行分类排序、形成萃取主题蓝图，这样既可以帮助员工系统化学习，也可以对萃取主题进行有效的查漏补缺。手机银行营销萃取蓝图如图 2-4 所示。

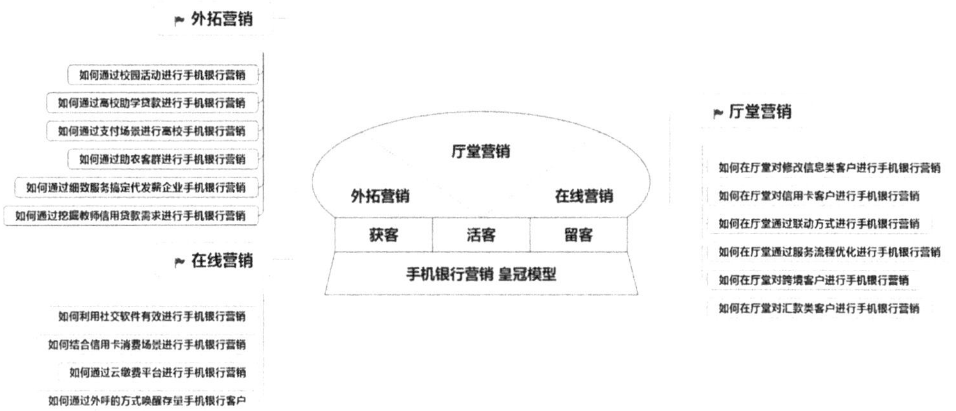

图 2-4　手机银行营销萃取蓝图

在选取萃取主题时，除了以上五个标准，还必须考虑有没有相应的业务专家。一个员工是否可以成为业务专家要看他是否具备“三高”，即高水平、高绩效和高意愿。高水平是指业务专家要具备多年的实战经验，业务专家的经验必须经过多年的实践检验，只有这样，经验的内在结构才相对稳定，才能对员工产生指导效果。高绩效是指业务专家业绩突出，业务专家的实践是否有效，最终还是要通过业绩来证明。高意愿是指业务专家愿意分享自己的经验，业务专家愿意通过复盘自身经验来提升能力，愿意将自己的经验分享给其他同事。

对于萃取主题价值很高却没有相应业务专家的情况，我们可以采用两种方式。一种是从外部引入经验，具体方式有三种：（1）邀请外部业务专家到企业讲课；（2）向标杆企业学习；（3）从外部招聘业务专家。另一种是把内部优秀的员工组织起来，通过研讨和共创的方式探讨解决问题的方法，并在后续的实践中不断改进、优化方法。

筑边界：明确经验萃取起止点

任何经验都是有边界的。每一个成功的事例都有它成功的特定环境和特定条件。比如，狭义相对论就是以两个假设前提为基础提出来的。“以下的讨论将以相对性原理和光速不变原理为依据，这两条原理我们定义如下：（1）物理体系的状态据以变化的定律，同描述这些状态变化时所参照的坐标系与两个在互相匀速平行移动着的坐标系中的哪一个并无关系；（2）任何光线在‘静止的’坐标系中都是以确定的速度 V 运动着，不管这道光线是由静止的还是运动的

物体发射出来的。"（摘自爱因斯坦的论文）

在这个环节中，我们要明确萃取主题的起止点。一是要明确所需萃取经验的输入条件，也就是说，学员要具备哪些条件才可以开始学习这个经验。二是要明确所需萃取经验的评价标准，也就是说，达到什么样的定性或定量目标才可以证明这个经验是合格的。

明确输入条件是开启经验萃取的前提

这个经验未来面向的对象是谁？他们学习这些经验应该具备哪些基本条件？这些问题在萃取前必须提前思考清楚。比如，如何教会一个人做西红柿炒鸡蛋？当接到这个任务时，有经验的人会马上给出答案："要把西红柿切成块，要选质量好的鸡蛋，要先去城北李老汉家买柴鸡蛋。"这些答案都是对的，但你会发现，如果一个任务没有明确的输入条件，那么给出答案时就要考虑很多的变量，有些人甚至会从养鸡开始思考，这样会给萃取者和学员带来很大的困难。因此，我们要根据使用经验的对象，设置好萃取和学习经验所需要的输入条件。

在明确输入条件时，我们可以从三个方面考虑，如表 2-3 所示。

表 2-3　经验萃取的输入条件

输入条件	说　　明
When	与时间相关的要求。比如，学员需要在哪些特定的时间工作
Where	与地点相关的要求。比如，学员需要在哪些特定的地点工作
What	与内容相关的要求。比如，学员需要具备哪些基础知识和技术能力

明确输出结果是检验萃取成果的标准

在萃取经验前，明确输出结果是为了检验萃取的成果是否达标。输出的结果是否达标基于两个方面的标准：一个是定性目标，另一个是定量目标。定性目标是用变化趋势来指示经验需要达到的目标。比如，能够对现场所发现的问题进行有效排查并整改。定量目标是用明确的数字来检验是否达到目标。比如，在三个月内将员工满意度提升 10%。我们应根据萃取主题的实际情况来确定是以定性目标为标准，还是以定量目标为标准。对于教练教授新手开车这个过程来说，输出结果的标准可以是利用一切条件穿越障碍路面达到终点，也可以是驾驶车辆由百米起点线处起步、在百米内完成从最低挡逐级到最高挡的加速，再从最高挡逐级减速到二挡。很显然，完成这两个目标所需要的经验是不一样的。明确定性目标或定量目标，我们可以从完成任务的成果要求、成本要求、底线指标和卓越表现四个维度进行设置，如表 2-4 所示。

表 2-4　经验萃取的输出结果

输出结果	成果要求：产能、销售、服务等
	成本要求：财务、原料、人员等
	底线指标：安全率、合格率、成品率等
	卓越表现：优秀率、占比率、满意度等

在“Blueprint 制定蓝图，岗位经验情境化”这个步骤中，我们完成了定方向、量价值、筑边界三个环节的操作，大家可以将相关内容填入表 2-5 所示的岗位经验萃取任务书中。

表 2-5　岗位经验萃取任务书

任务名称		受众对象	
输入条件		输出结果	
业务专家		萃取时间	

【案例 2-4】如何借助渠道拓展诉讼保全业务

针对如何借助渠道拓展诉讼保全业务这个萃取主题，业务专家梳理出了岗位经验萃取任务书，如表 2-6 所示。

表 2-6　借助渠道拓展诉讼保全业务岗位经验萃取任务书

任务名称	如何借助渠道拓展诉讼保全业务	**受众对象**	支公司商业非车险团队
输入条件	（1）了解目前已有渠道现状 （2）熟知诉讼保全责任险的相关概念 （3）熟悉投标的基本流程	**输出结果**	每季度借助渠道拓展的诉讼保全责任险保费提升 50 万元
业务专家	（略）	**萃取时间**	（略）

本章回顾

下面是针对本章内容的要点回顾，请选出正确的答案。

1. 企业在选择萃取主题时可以从三个维度入手，它们分别是分解岗位关键任务、__________和盘点岗位工作场景。（梳理岗位业务问题/分析岗位难点痛点）

2. 萃取选题五问法分别是问战略、问目标、______、问挑战、问原因。（问任务/问职责）

3. 常见的盘点岗位工作场景的方式有两种，一种方式是盘点岗位上

“面对哪些不同的对象”，另一种方式是盘点岗位上“面对哪些不同的情况”。（正确/错误）

4. 关于“面对哪些不同的对象”可具体分为为谁、与谁、________。（支持谁/作为谁）

5. 关于“面对哪些不同的情况”可具体分为不同的时间、地点或条件三种情况。（正确/错误）

6. 衡量萃取主题的价值的五个标准是高价值、________、常使用、急需要、覆盖广。（有难度/容易学）

7. 萃取经验之前，我们要先明确输入条件，这样做是为了确定萃取主题的方向。（正确/错误）

参考答案

1. 梳理岗位业务问题

2. 问任务

3. 正确

4. 支持谁

5. 错误

6. 有难度

7. 错误

第三章

Extract 逐级萃取，隐性经验显性化

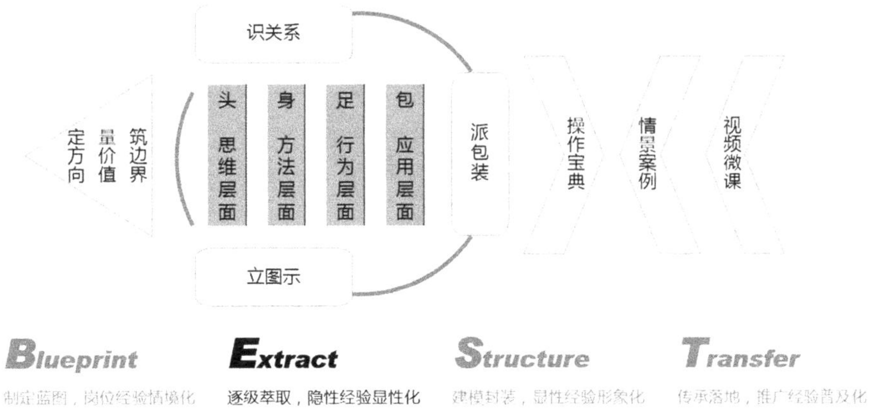

BEST 高能经验萃取“鱼”模型

【本章导图】

完成第一步后，接下来我们进入第二步“Extract 逐级萃取，隐性经验显性化”。在这一章，我们首先介绍一下萃取成果包含的四个层面，如图 3-1 所示。

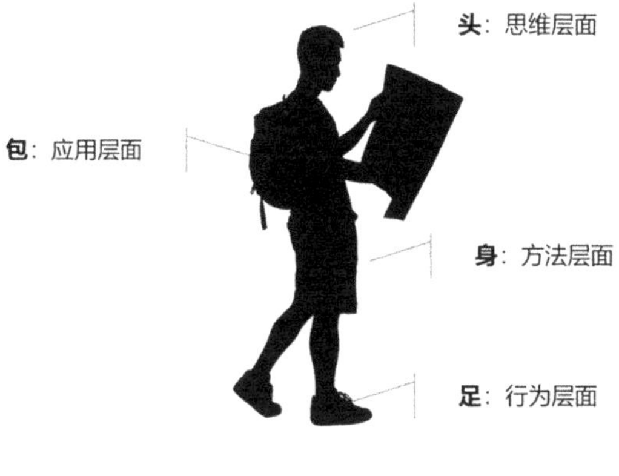

图 3-1　萃取成果的四个层面

第一个层面是“头：思维层面”。“头”是大脑所在地，发挥着指明方向的作用。“头：思维层面”是指业务专家完成任务时需要遵守的基本原则、实施标准和行为规范。

如图 3-2 所示，我们从北京出发去旅游，“头”指挥的是方向。我们去哪里？往南走还是往北走？

图 3-2　头：思维层面

第二个层面是“身：方法层面”。“身”是大脑中思维实现所依赖的主体部分，它以“头”为指挥中心，提供相应的支持和其他反馈。“身：方法层面”是业务专家经验的核心框架，也就是普遍意义上的通用规律和方法论。“身”的精髓在于，它是一种可以用来被人们广泛传播和学习的模板，如常见的时间管理方法中的番茄工作法和 GTD（Getting Things Done）工作法。

最终，我们决定从北京出发去上海。不论我们通过什么方式（自驾、乘高铁、乘飞机）去上海，都会有不同的路程，这个路程就是我们所说的“身”，如图 3-3 所示。

图 3-3　身：方法层面

第三个层面是“足：行为层面”。“足”代表人的手足，是在“身”的指令下的具体执行者。“足：行为层面”是指业务专家经验框架下的关键动作与操作要点，是针对方法层面的具体行为指导。方法和行为是紧密相连的，在很多情况下，方法层面必须借助行为层面来实现。比如，在时间管理的番茄工作法中，一个定义的工作时间为 25 分钟，一个休息时间为 5 分钟，那么在 25 分钟的工作时间内，我们该如何让自己集中精力呢？当遇到突发情况时，我们怎么办？一个番茄钟结束后，是否要继续进行下一个？这些都是操作番茄钟的具体行为，是运用好这个方法的具体行为指导。

比如，我们选择了自驾的方式从北京去上海。经验丰富、驾驶技术熟练的老司机自然开得比较快，还省油。相比老司机，新手司机不仅开车速度比较慢，在遇到突发情况时，由于处理经验不足，还会发生很多意想不到的情况。如图 3-4 所示，“足”是指驾驶汽车的基本操作、行为细节和注意事项等。

图 3-4　足：行为层面

第四个层面是“包：应用层面”。“包”是人所使用的工具，是提升工作效率和提高工作质量的关键，一个好的工具能够帮助我们更快地实现目标。“包：应用层面”是业务专家经验中所使用的配套工具。比如，在时间管理工具的使用过程中，原始的 GTD 方法要求你使用多个文件夹来分类存放各种任务，然而这种实践方式既烦琐又费时。于是，相应的电子化工具应运而生，如我们常用的 Omnifocus，这个工具可以有效地避免定期维护各种各样的文件夹、备忘录的麻烦，同时也能真正实践 GTD 方法的工作流程。

如图 3-5 所示，我们从北京自驾去上海，当其他条件相同时，若一辆车选择了 GPS 导航，另一辆车借助地图和路标寻找路线。很显然，使用 GPS 导航的车会更快到达终点，出错的概率也会更小。GPS 就是我们所说的“包”，就是我们这趟行程中的配套工具。

图 3-5　包：应用层面

头：经验萃取的四个原则

我们在做事情的时候要遵循一定的原则和标准。当面临两难抉择时，我们只要遵循原则和标准，很多事情就能迎刃而解了。经验萃取应符合四个原则，它们分别是有结构、可模仿、能容错、易应用。

经验萃取的第一个原则：有结构

下面是一组保险柜的密码，给你 15 秒的时间，你能记住多少。

预备，开始。密码：149162536496481100。

时间到，都记住了吗？如果你都能记住的话，10 分钟后我再问你，你觉得还能记住多少？如果时间推到 1 天后，你觉得还能记住多少？对于上面这组密码，如果你知道了其背后的结构，你可能很难忘记，这个结构就是 $1^2 2^2 3^2 4^2 5^2 6^2 7^2 8^2 9^2 10^2$。

业务专家比新手更容易发现大量信息背后所隐含的结构，换句话说，他们比新手更容易看到信息的全貌。业务专家的大脑就像我们生活中的“衣橱”，如果我们将一件黑色外套交给业务专家收纳，他们往往能够快速地决定将这件外套放在哪个位置。因为业务专家非常了解“衣橱”的结构，他们会将外套按照一定的规律存放在衣橱中的某个位置。不仅如此，他们还掌握了多种可以提取信息的方式。当需要找到这件黑色外套时，他们能够通过检索“外套、冬季服装、正装、黑色衣服”来快速找到这件黑色外套。但对于一个新手来讲，由于他没有掌握衣物的储存规律，他会将衣服随意地放在一个地方。当需要找到这件黑色外套的时候，他只能从混乱的一堆衣服中随机寻找，如果经过很长时间仍然找不到，他也许会无奈地拿起离手边最近的一件穿上。

很多新手更喜欢有结构的知识。任何事物均有其自身的结构，大到宇宙星系，小到颗粒尘埃。如果我们从结构的视角去审视和思考一个非常复杂的问题，我们就会更容易看清它。因此，在萃取经验时，我们需要把业务专家大脑中的隐性经验有结构地萃取出来，并让它们非常容易地被新手理解和传播。

经验萃取的第二个原则：可模仿

模仿是人类学习的特点之一。人的成长离不开模仿，学书法需要临帖，学绘画需要临摹，学表演需要模拟。据说莫扎特也是从模仿别人的音乐开始的，最终创作出了独具特色的音乐。心理学研究表明，人的思维发展是一个由具体到抽象、由低级到高级的过程。模仿能让普通员工高效率地完成知识体系和能力序列的建构，从而实现让业务专家的经验为自身头脑和行为赋能的目的。

模仿是提升员工创造力的重要方式。思维科学研究表明，相似块（人们在学习和实践中积累起来并贮存在大脑中的知识单元）大量存在于客观事物和认知主体的思维活动中，在实践中的创新就是大脑中的大量相似块的自动汇合、接通、激活，然后从中产生灵感的过程。所以，普通员工在工作中通过对业务专家经验的模仿，并结合自身的优势和特点，可以更有效地提升自己在工作中的创造力。

经验萃取的第三个原则：能容错

经验萃取的前提是成功者的经验是可以复制的。但是，“对危险的关注高于对成功的关注”是人的一种本能，从某种意义上来说，“保证不失败”就是另外一种成功。所以，经验中的失败和教训同样值得萃取。

在萃取业务专家的经验时，我们更倾向于萃取成功的经验，而往往忽略了业务专家的失败和惨痛教训。从另一个角度来讲，失败和惨痛教训也是众多经验的一部分。因此，我们在萃取成功经验的同时，同样需要分析失败的原因，并进一步萃取失败的经验、吸取惨痛教训，只有这样才能保证我们萃取出的经验更加实用。

经验萃取的第四个原则：易应用

易应用是一种以学员为中心的理念，目的是让萃取出的经验能够符合学员的思维方式和工作习惯。易应用就好比现实中的弓箭和汽车所起的作用：弓箭是对人手的延伸，让我们可以捕获远处的猎物；汽车是对人脚的延伸，让我们可以跑得更快。易应用主要用来判断萃取出的经验是否便于学员使用。

教育心理学告诉我们，心理因素决定着人类的学习意愿和学习效果，心理因素包含智力因素和非智力因素，而绝大多数人的智力差异并不大，因此导致两极分化的一个重要原因是非智力因素在应用阶段的差异。所以，提升经验的易用性及学员成功运用经验的信心，是促进学员对经验学以致用的关键。

接下来，让我们来看一个完整的萃取案例。这个案例一共六个部分，我用（1/6）～（6/6）的方式来表示。

【案例 3-1】如何做好当面销售时的异议处理（1/6）

一名新任的终端体验店销售代表在当面处理顾客异议时，经常由于使用方法和策略不当而造成不必要的丢单。为了让这名销售代表能够有方法、有策略、有话术地应对客户异议，企业组织了对业务专家经验的萃取，萃取任务书如表 3-1 所示。

表 3-1　萃取任务书

任务名称	如何做好当面销售时的异议处理	**受众对象**	新任销售代表
输入条件	（1）熟知产品相关信息和参数 （2）熟悉销售的基本流程	**输出结果**	（1）做到有方法、有策略、有话术地应对顾客异议 （2）个人销售业绩提升 10%
业务专家	销售总监和资深销售代表	**萃取时间**	略

通过对业务专家的经验进行萃取，我们发现销售代表在处理顾客异议时应遵循以下三个基本原则：（1）保持微笑服务；（2）时刻给顾客留面子；（3）尊重顾客的选择。

身：经验萃取的五个层级

通过对多年的萃取实践的总结，我们把经验萃取分为五个层级。一级萃取切框架，这一级首先是找到业务专家经验中的核心支撑，将它们按照一定的规律组合出框架，为接下来的四级萃取打好基础。二级萃取挖细节，在第一级萃取完成后，我们需要挖掘每个框架的关键环节、关键动作和关键要点。这一级是经验萃取的难点，也是经验萃取的核心。三级萃取识障碍，针对框架中的核心动作和细节中的核心要点，识别出这些内容的易错点。同时，也要识别出学员应用经验时应该注意的障碍点和挑战点。当然，识别出这些障碍和挑战不是目的，而是为了找到这些点对应的答案，让学员能够少犯错误、少走弯路。四级萃取配工具，这一级是为萃取业务专家经验配备工具，从而降低经验的应用难度，提升经验的易用性。五级萃取做优化，在这一级的萃取中，主要工作是优化前四级的萃取成果，以确保我们能够获取优质成果。

【案例 3-2】如何做好当面销售时的异议处理（2/6）

以下对话内容是我们通过访谈得到的成功经验案例之一，我们先来了解业务专家在处理顾客异议时是如何化被动为主动，最终取得销售成功的。

顾客：我考虑一下。

销售代表：先生，我能理解您考虑一下的想法，因为毕竟需要花费这么多钱，但您能告诉我，您还有哪些方面的因素没有考虑清楚吗？

顾客：没有啦，谢谢，我需要再考虑一下。

销售代表：对不起，是不是我没有向您介绍清楚呢？如果是这样，我再给您详细介绍一下吧。

顾客：不是的，我今天是第一次看，还想再比较一下。

销售代表：您认为还需要再比较一下，我非常理解。您想再比较一下，肯定是还在顾虑什么，对吗？

顾客：哦，没什么，我觉得还要再比较一下，我对一体机电脑刚刚接触，我想多看看，然后再做决定。

销售代表：您说的这些很有道理，看来还是我没给您说清楚，还请您多担待。一体机产品……（介绍一体机功能和卖点），您还有什么顾虑吗？

顾客：嗯，说实话吧，我觉得你们的机器有点贵，这超出了我最初的预算。

销售代表：首先感谢您对我们产品的认可，现在您觉得产品是满意的，只是价格超出了您的预算，对吧？

> 顾客：是啊，你们家的一体机确实有点贵。
>
> 销售代表：我特别理解您想少花钱买好货的心情，如果我是买家，我也希望能买到物美价廉的产品。说心里话，我也希望这个产品能卖得更便宜一些，这样我也能多卖一些。但是您知道，我们的产品是全国统一定价，这样做的目的是为了维护市场的公平竞争，也是为了更好地保证顾客的利益、保证产品品质始终如一。您一定也希望买到一个品质有保障的产品，对吧？
>
> 顾客：当然。我看其他家的一体机电脑都有赠品，你家应该也有吧？
>
> 销售代表：当然有，而且我们的赠品是厂家原装产品，质量同样有保障（介绍赠品）。您今天是刷卡还是付现金，如果是刷卡，现在还有刷卡返券活动，会比较划算。
>
> 顾客：这样啊，那我就刷卡吧！

这是一次成功的销售，案例中销售代表与顾客对话的内容就是我们要萃取的经验。那么，针对这样的经验，我们该如何萃取呢？

一级萃取切框架

框架是经验的基础结构。针对业务专家讲述的经验，框架会首先定义经验的结构，进而将相关操作细节和使用技巧放入其中，以保证在经验应用上的系统性和连贯性。框架给出的是经验的底盘，这个底盘的科学性和易用性直接影响在此基础上进行的进一步萃取的完整性和准确性。经验萃取的第一级是搭建经验的核心框架，并在此基础上解构经验的操作细节。

常见的切分萃取框架的方法有两种：第一种是按流程步骤切框架；第二种是按核心要素切框架。

按流程步骤切框架

任何工作任务的完成都会有一个时间顺序，我们可以按照工作任务的流程和发展所经过的程序来进行框架的切分。在切分的时候要重点关注实际工作过程中的关键步骤和程序。在业务专家讲述经验的过程中，听到“先”这个字时我们就要开始注意了，后面还有“再”“接着”“然后”这样一些词，它们用来表示时间顺序。常见的时间顺序表述词还有“第一……第二……第三……第四……”“首先……其次……再次……”“首先……然后……最后……”“过去……现在……将来……”等。

按核心要素切框架

该方法是指在以结果为导向的前提下，把一个工作任务按照其中的核心要素来分解，具体来讲，就是按照完成这个工作任务的方式或维度等要素来切分。比如，要提升某种产品的销量，我们可以从功能、外观、价格和营销等维度入手。

【案例 3-3】如何在营业厅礼貌地递接物品

与用户之间礼貌地递接物品的过程是营业厅服务工作中的一个重要环节。工作人员在递送物品时要面带微笑起身向前，用双手为用户递送物品，且方便用户接取；接取物品时应起身向前并目视用户，用双手接拿；接受用户递交的任何物品时均应向用户道谢。

以上描述的服务过程，如果按流程步骤切框架的话，可以分为三步：第一步，目视对方含笑意；第二步，起身向前双手递；第三步，真诚道谢送客离。如果按核心要素切框架的话可以分为五个要素：眼，目视对方；面，面带微笑；手，双手递接；身，起身向前；言，真诚道谢。以上两种方法切分的框架都是有效的，具体使用哪一种框架要根据员工的实际情况和输入条件进行选择。

切分框架时需要注意的是，框架数量最好不要多于七个，而且切分的框架在颗粒度上要保持均匀。另外，在切分框架的时候，我们还可以借鉴一些成熟的通用模型。比如，解决问题的框架萃取者可以借鉴麦肯锡解决问题的流程：（1）发现问题并将问题分类；（2）将问题转化为具体的课题；（3）找出解决课题的替代方案；（4）运用适合的标准评估每一项替代方案；（5）选出最佳的解决方案并采取行动。

【案例 3-4】如何做好当面销售时的异议处理（3/6）

在案例 3-2 中，经过对业务专家经验的萃取，我们列举出了案例中销售代表与顾客对话的关键话语，如表 3-2 所示。

表 3-2　案例中的关键话语

案例中的关键话语
（1）我能理解您考虑一下的想法
（2）您还有哪些方面的因素没有考虑清楚
（3）您认为还需要再比较一下，我非常理解
（4）您想再比较一下，肯定是还在顾虑什么，对吗
（5）您说的这些很有道理，看来还是我没给您说清楚，还请您多担待
（6）您还有什么顾虑吗
（7）现在您觉得产品是满意的，只是价格超出了您的预算，对吧
（8）我特别理解您想少花钱买好货的心情，如果我是买家，我也希望能买到物美价廉的产品
（9）处理顾客异议，并有针对性地介绍产品功能和卖点
（10）您今天是刷卡还是付现金

通过归纳和分析并与业务专家确认，我们可以根据流程步骤的框架对经验进行切分，当面销售异议处理共分为四个步骤，如表 3-3 所示。

表 3-3 当面销售时异议处理步骤

案例中的关键话语	萃取出的框架
我能理解您考虑一下的想法 您认为还需要再比较一下，我非常理解 我特别理解您想少花钱买好货的心情，如果我是买家，我也希望能买到物美价廉的产品	第一步：认同感受
您还有哪些方面的因素没有考虑清楚 您想再比较一下，肯定是还在顾虑什么，对吗 现在您觉得产品是满意的，只是价格超出了您的预算，对吧	第二步：明确问题
您说的这些很有道理，看来还是我没给您说清楚，还请您多担待 处理顾客异议，并有针对性地介绍产品功能和卖点	第三步：解决异议
您还有什么顾虑吗 您今天是刷卡还是付现金	第四步：促发行动

第一步是认同感受，和顾客保持情绪上的一致。在这个过程中，销售代表的语言和动作应尽可能与顾客保持一致，这样可以促使顾客对销售代表产生信任。第二步是明确问题，确保给出的答案和顾客提出的问题是同一个方面的。第三步是解决异议，针对顾客提出的问题给出基于事实的合理解答，并在解答时观察顾客的反应，然后决定下一步行动。第四步是促发行动，检验异议是否处理成功最有效的方法是请求顾客采取购买行动。

如果顾客愿意花钱买单，则说明你的处理是成功的；如果顾客还有疑虑，而且不愿意花钱买单，你就需要继续询问顾客的真实顾虑，并有针对性地解决。

二级萃取挖细节

为了更好地为员工赋能，我们不仅要给出基础框架，还要给出每个框架下的操作细节和应用指导。

二级萃取挖细节实施过程中采用的方法如表 3-4 所示。

表 3-4　二级萃取挖细节

挖　细　节	详 细 说 明
关键环节	在一级框架下，有哪些步骤或子步骤
关键动作	在一级框架下，需要完成哪些关键动作
关键要点	在一级框架下，需要关注哪些要点和信息

针对不明白或需要深入了解的内容，我们可以随时要求业务专家列举工作中实际发生的例子。有时为了获取更宝贵的经验，我们还需要跟随业务专家一起工作，看一看他们是如何完成任务的，以及他们是如何灵活运用这些方法和技巧的。

【案例 3-5】如何做好当面销售时的异议处理（4/6）

通过对多位业务专家的深度访谈和细节挖掘，我汇总了在当面销售处理异议时每个框架上的操作要点和针对每个要点的操作说明及示例，具体内容如表 3-5 所示。

表 3-5　异议处理的操作要点和每个要点的操作说明及示例

流程步骤	操作要点	操作说明及示例
认同感受	点头迎合	点头互动：快点头表示认同理解；慢点头展现专业权威
		表情迎合：常规表情，面带微笑；迎合表情，跟随顾客的感受变化调整表情
	表达认同	赞扬对方提问水平。比如，您这个问题问得太好了；这个问题只有您这样的专业人士才问得出来
		突出问题显而易见。比如，您的这个问题每天至少会有五个人问到；您的这个问题太普遍了，即使您不问我也会告诉您
		表达内心强烈感受。比如，我也希望这个产品能卖得更便宜一些；我比您更关心产品质量
明确问题	重复事实	平铺直叙式。比如，我理解一下，您的意思是……，我理解的有偏差吗？您的核心困惑是……，您看我这样理解正确吗
		专业逻辑式。比如，您说话的逻辑性太强了，您主要说了三点，是××、××和××，是这样吗？您的顾虑是××、××和××这三点吗
	澄清疑问	刨根问底式。比如，除了刚才的三点，您还有其他顾虑吗
		引导开发式。比如，您刚刚提到这款机器太贵了，您觉得哪个价位比较合适？除了这款机器，您还看中了哪款机器

续表

流程步骤	操作要点	操作说明及示例
解决异议	卖点重塑	有针对性地重新介绍产品及其卖点，增强顾客对产品的信心
	突出危机	告知顾客不及时购买带来的损失。比如，今天是最后一天优惠，如果您今天不买，明天就要恢复原价了
	制造稀缺	人们对失去某种东西的恐惧比获得同一物品的渴望更能激发人们的行动力。比如，这套赠品只有 100 份，赠完就没有了
	成功案例	在进行选择时，人们往往会跟随其他人的行动，突出榜样的力量。比如，某公司三年来一直在我店购买，每次都是 10 台左右
	建议体验	通过深入体验增加顾客对产品的兴趣和信任。比如，先别急着做决定，您可以先在这里多体验一下
促发行动	直接请求	直接向顾客提出成单请求。比如，您今天是刷卡还是付现金
	间接请求	询问顾客是否还有其他顾虑，进而促进成单。比如，您还有什么需要考虑的吗

三级萃取识障碍

一个极小事件的发生，由于不断引发连锁反应，可能会导致严重的后果或重大事件的发生。故事《铁钉与国家》就说明了这样一个道理：“丢掉一只铁钉，失去一个蹄铁；失去一个蹄铁，坏了一个马蹄；坏了一个马蹄，损失一匹战马；损失一匹战马，毁了一个将军；毁了一个将军，输掉一场战争；输掉一场战争，亡了一个国家。”所以，减少应用经验时可能出现的错误也是经验萃取中的关键。

学生时代，很多会学习的孩子都会准备一个记错本，用来记录平时课程或考试中犯过的错误。在我们学习的过程中，写错字是常有的情况。比如，有人将“大亨”写成“大享”，有人将“自修课”写成“自休课”，这些错误可谓五花八门。有了记错本，我们就可以随时随地把错别字记下来，有空的时候就拿出来瞧瞧，看看自己曾经犯过的错。在经验萃取的过程中，找到业务专家犯过错误的地方，或者找到对于新手来说可能遇到障碍的地方，就像学生时代的记错本的功能一样，会让新手在未来应用经验时少犯错误。

如何识别经验中的障碍和挑战？经验中又有哪些容易导致错误的陷阱？这是三级萃取识障碍的关键目标。在识别障碍时，我们可以从三个方面进行萃取，如表 3-6 所示。

表 3-6　三级萃取识障碍

识　障　碍	详 细 说 明
易错点	在应用经验时，新手经常会遇到哪些容易出错的点
困难点	在应用经验时，新手经常会遇到哪些困难点
易忽略点	在应用经验时，哪些是新手经常容易忽略的点

【案例 3-6】如何做好当面销售时的异议处理（5/6）

经过对业务专家的进一步访谈和萃取，我发现他们在异议处理时，容易遇到的易错点、困难点、易忽略点有几个方面，如表 3-7 所示。

表 3-7　面对挑战与应对技巧

流程步骤	面对挑战	应对技巧
认同感受	顾客认为你不理解他	在与顾客交流的过程中，眼神要保持直接交流，伴随顾客的表达内容配合微笑、点头和表情的变化
明确问题	提问时容易引起顾客反感	提问前首先应做铺垫，观察顾客反应后适时提问；判断顾客类型，不同的顾客提问方式不同
解决异议	再次介绍产品，依然不能打动顾客	保持耐心，只要顾客不走就还有机会；卖点精炼，有针对性地突出产品；察言观色，预判顾客下一步的行动
促发行动	不好意思向顾客开口	突破害羞和心理恐惧；以平常心对待每单生意

四级萃取配工具

“工欲善其事，必先利其器”出自《论语·卫灵公》。孔子告诉子贡，一个做手工或工艺的人要想把工作做好，应该先把工具准备好。工匠想要做好工作一定要先让其工具锋利。学员对经验的应用往往不够，如果这个时候能给他们配备一些应用工具，那真是再好不过了。

配套工具就像产品说明书。一般情况下，商家都会将产品和使用手册打包放在产品包装中。因为商家很清楚用户可能因为不会使用产品而对购买本身感到不满。商家为此会花费大量的时间和精力来组合、测试用户指导手册，以确保其容易使用。商家为了提高顾客满意度，对所售产品提供了使用手册，作为萃取者，我们是不是也应该为员工提供类似的服务？答案是肯定的。配套工具可以帮助学员更好地应用经验来解决工作中的实际问题。

常用的配套工具包括表单助力、卡片随身、流程指引、心法口诀。当然，在实际的经验萃取中并不仅限于这四种工具。萃取者可根据学员的实际需求开发出更多、更有效的、促进应用落地的优秀工具。

表单助力

表单助力是以表格的形式提示“要完成工作的标准”或“如何检查工作结果”的一种方法。表单助力是经验萃取配套工具中最常用的一种工具，它具有制作简单、使用方便的特性。比如，在辅导新员工时，业务专家把辅导中的要点做成了 OJT（On the Job Training，在岗培训）自检表，以便于在辅导中检查自己的操作是否符合 OJT 要求，如表 3-8 所示。

表 3-8　OJT 自检表

实施步骤	操作要求	标准说明	分值	评分
说明	（1）系统全面	说明内容要全面系统，做到有条不紊	10	
	（2）反问学员	反问学员是否听懂，避免一知半解	10	
示范	（3）步骤完善	示范时要完整呈现各个步骤，不遗漏	10	
	（4）速度适宜	根据学员水平确定示范速度，保证质量	10	
练习	（5）学员练习	让学员一边说明一边练习刚才的动作内容	10	
	（6）记录问题	记录学员练习过程中的问题，以便反馈	10	
评估	（7）纠正问题	对发现的问题要及时纠正，避免形成陋习	10	
	（8）总结收获	引导学员总结前面几步的收获，顺便复习	10	

续表

实施步骤	操作要求	标 准 说 明	分值	评分
认可	（9）肯定优点	发现学员的优点，适时地加以肯定	10	
	（10）适度赞赏	看到学员的进步，真诚而具体地加以褒奖	10	
备注			总分：100 分	

卡片随身

卡片指的是学习卡，是一种能够随身携带、便于随时提醒和指导学员应用经验的工具。这种工具由于其便利性高和指导性强的特点，得到众多学员的喜爱。在我的《FAST 高效课程开发：培训师成长实践手册》一书中，我将 FAST 高效课程开发模型做成了电子学习卡，这种电子学习卡便于学员随身携带和查阅，如图 3-6 所示。

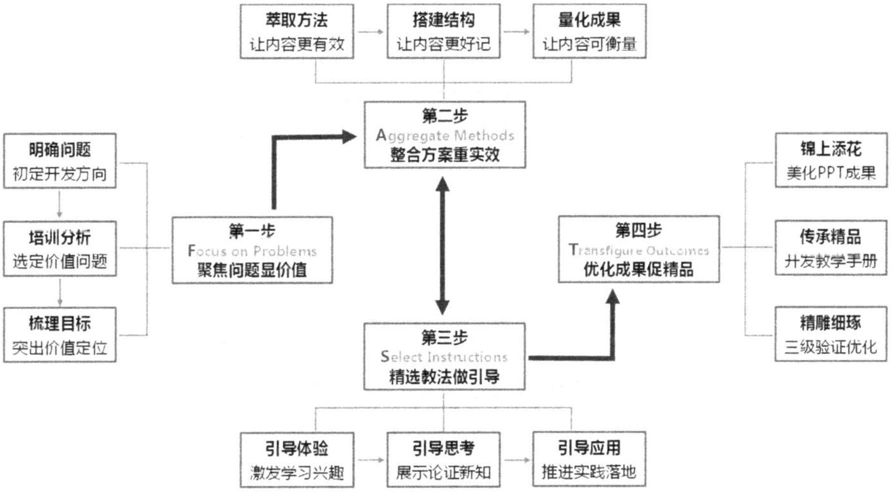

图 3-6　学习卡：FAST 高效课程开发模型

【案例 3-7】如何做好当面销售时的异议处理（6/6）

在接下来的梳理中，我们运用卡片随身的方式为业务专家经验制作了配套工具。如图 3-7 所示，它既展示了业务专家经验的核心内容，又厘清了业务专家经验之间的内在联系。

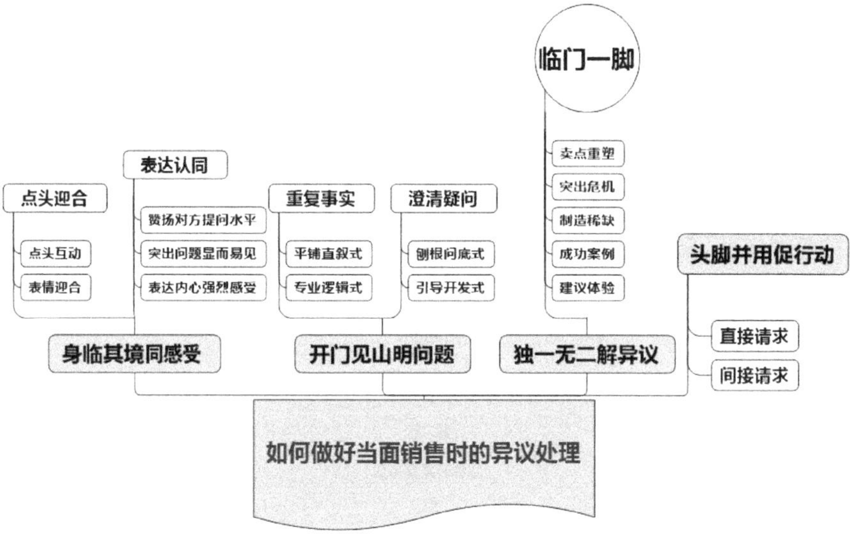

图 3-7　学习卡：如何做好当面销售时的异议处理

流程指引

流程图也被称作输入—输出图，它能直观地描述一个工作过程的具体步骤。流程图就像地图一样，让学员能够掌握全局、按照流程做事。对于复杂的操作类经验，流程图有助于学员理解经验的内容和掌握经验的应用方法。比如，银行的业务专家在处理信用卡疑似欺诈交易时，会有一套判断流程，学员依照这个判断流程进行处理，将能更快速地识别出信用卡疑似欺诈交易，如图 3-8 所示。

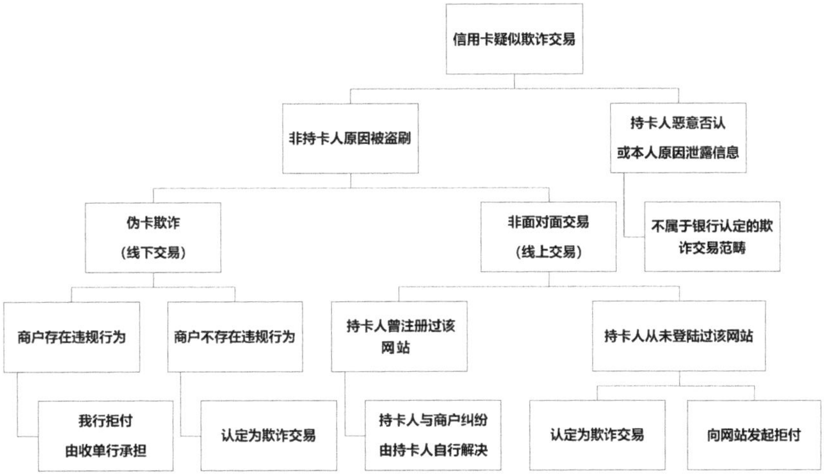

图 3-8　信用卡疑似欺诈交易处理流程

心法口诀

让学员读起来朗朗上口，帮助他们理解和记忆的一段有规律的文字，我们称之为心法口诀。我们上小学时学过的乘法口诀，即使在计算器盛行的今天，想必很多人也能轻松背出。在经验萃取时，对难以理解或不容易记忆的内容，我们可以将其凝练成心法口诀，以便于学员快速理解和记忆。比如，表 3-9 中的蛙泳动作要点口诀，在我学习蛙泳的时候，帮我快速掌握了蛙泳的核心技巧。

表 3-9　蛙泳动作要点口诀

动作部位	动作要点口诀
身	划水腿不动，收手再收腿，先伸手臂再蹬腿，臂腿伸直漂一会儿
臂	分手稍微比肩宽，两臂侧下向后划，向内旋肘伸前方，伸直并腿漂一会儿
腿	边收边分慢收腿，向外翻脚对准水，弧形向后蹬夹水，伸直并腿漂一会儿
肺	低头伸臂慢吐气，划臂抬头快吸气

接下来，让我们再看一个如何为经验制作配套工具的案例。

【案例 3-8】如何准确理解上级布置的任务

某日，领导安排小王完成一个任务。领导说："小王，你来公司有一年多了，对公司也有了基本的了解和认识。你看我们公司发展十年了，过去的十年里，我们可能更多的是靠产量取胜，但未来的十年或更远，我们应该不断地提高各方面的竞争力。如何提高竞争力呢？我想首先我们不仅要对自身的优势与劣势有一个充分的了解，而且对竞争对手也必须有一个准确的认识。所以，我希望你能对竞争对手和我们公司的优势与劣势进行对比分析。这个任务完成后，我想你的收获一定会很大，如果做得好，我会推荐你在年中研讨会上把报告分享给大家。"

如果你是小王，你认为领导把任务布置清楚了吗？你有没有问题想要问领导？

在接受任务时，如何才能正确理解领导的意思呢？经过对业务专家经验的萃取，我们总结了员工在接受任务时必须要厘清的九个要素，即“5W+2H+2R”。

5W：What，要做什么事情？Who，这件事由谁来负责，参与者有哪些？When，什么时间开始，什么时间完成？Where，需要在哪里完成？Why，任务的背景和价值是什么，也就是为什么要完成这项任务？

2H：How much，完成这项任务的预算是多少？How，在完成任务的方法上，领导有哪些建议和指导？

2R：Result，任务需要达成的目标或结果是什么？Resource，在完成任务的过程中，领导能够提供哪些资源支持？

在实际工作中，员工经常因为记录工作过于繁杂，而放弃使用“5W+2H+2R”方法。为了让学员更方便地使用，业务专家将这九个要素分别放入九宫格中，并制作成学习卡，如表 3-10 所示。这样，员工在每次接受任务时，只需按照九宫格的提示，将内容填写到相应的格子中即可。

完成九宫格的填写，就是完整地接受了一项任务。如果对任何格子有疑问或不明白，可及时向领导询问并确认，以便获得更准确、更完整的信息。

表 3-10 任务九宫格

Who 谁去做 联系谁	When 何时开始 何时完成	Where 在哪里完成
Why 任务背景和价值	What 要完成的任务 要解决的问题	Result 期望达成的结果
How 建议的方法	Resource 可支持的资源	How much 任务预算

在本案例中，首先，小王遗漏了什么时候完成这项任务，以及任务报告是以 PPT 形式还是以 Word 形式呈现。其次，由于小王是初次接受这样的任务，所以他可以向领导询问是否有合适的方法借鉴和相关资源的支持。

通过对 When 和 Result 的询问，小王得知任务需要在一周内完成，并以 PPT 形式呈现。通过对 Resource 的询问，小王得到的答案是“在制作过程中，不懂的地方可以向老张请教，他之前做过类似的任务报告。如果有需要也可以随时向我（领导）请求帮助”。获得这些重要信息后，小王会更快地完成任务。

五级萃取做优化

我小时候最爱玩的 PC 端游戏是大富翁系列和三国系列，后来在手机端也玩过不少策略类的游戏。在这些游戏中，你可以随时看到敌我双方的排兵布阵，可以根据全局来进行决策，很少会纠结某一块土地或某一个局部的得失。我们在萃取经验时，也要具备这样的思维，萃取完成之后，我们要跳出原有的主观视角，站在第三方视角来检视萃取出的经验。简而言之，就是运用第三方视角思维，从更多元的角度审视萃取出的经验的严谨性和价值性。

一个经验在落地传播前要经过三审定稿。第一，审核经验的价值和应用场景，主要从重要性、颗粒度、典型性和高频性四个方面进行审核。第二，审核经验的逻辑和细节，主要从严谨性、完整性、逻辑性和准确性四个方面进行审核。第三，审核经验的配套工具，主要从易用性和实操性两个方面进行审核，如表 3-11 所示。

表 3-11　经验萃取优化表

分类	审核项目	审 核 标 准	评分	评　语
审选题	重要性	经验能够帮助员工提高效率、提升绩效或减少错误、降低成本	10	
	颗粒度	经验应用场景具体且颗粒度适中，容易被学员复制迁移	10	
	典型性	经验在工作中的应用范围广泛，且应用范围广	10	
	高频性	对于学员来讲，经验在工作中的应用频率较高	10	

续表

分类	审核项目	审核标准	评分	评语
审经验	严谨性	经验的输入条件和输出结果的描述准确、严谨	10	
	完整性	经验的“头”“身”“足”“包”完整无缺失	10	
	逻辑性	经验的框架和细节逻辑正确，并通过图形展示	10	
	准确性	经验内容正确无歧义，描述准确易理解	10	
审落地	易用性	有能够助力经验应用的表格、流程、学习卡和口诀等	10	
	实操性	萃取出的经验具有实操性，并可以满足输出结果的要求	10	

足：经验萃取的三种方式

针对萃取的五个层级，我们可以运用三种方式实施萃取，它们分别是自我复盘式萃取、业务专家访谈式萃取和综合观察式萃取，这三种方式可以单独使用，也可以组合使用。

自我复盘式萃取

自我复盘式萃取是指萃取者通过回顾自己的经历，按萃取流程并运用工具完成萃取的一个过程。自我复盘式萃取有两种方法，它们分别是情境重现法和关键要点法。

第一种：情境重现法

情境重现法是通过电影回放的方式，将做过的事情在大脑中重新演练一遍。这种照相机式的记忆或回放方式可以保证客观信息不被遗漏，同时，参与其中的主观思维也能得到充分展现。一般来讲，情境重现不仅包含事件的背景和经过，还包括三种场，即信息场、思维场和情绪场。第一，信息场。信息场告诉我们：当时现场的外在环境是怎样的，如当时的天气情况、参与人员、周边设施及环境布置等。第二，思维场。思维场告诉我们：大家是如何思考的，此类场景下的潜在共识是什么。第三，情绪场。情绪场告诉我们：当时现场的人处于什么样的关系之中，为什么会这样；当事人是否有碰撞，他们当时的情绪及心理特征是怎样的；等等。情境重现时，除了要重现当时的行为，还要重现当时的信息场、思维场和情绪场。只有重现了这三种场，一个情境才可以说是相对完整地重现了。

第二种：关键要点法

当我们无法做到完整还原情境时，我们可以选择使用关键要点法。关键要点法是指在情境重现的过程中，确定事件的关键点，并围绕关键点进行重现、思考和推演的复盘方法。具体的做法是将事件按照时间顺序或事件内容进行复盘，寻找关键要点或关键信息点，然后围绕关键要点或信息点进行重现和组合。

这里说的关键要点就是我们通常说的里程碑或里程碑时刻。

我们来看一个关于学员在课堂上通过自我复盘萃取出经验的案例。

【案例 3-9】如何在卖场与顾客拉近距离

小航是卖场的销售主管，有着非常丰富的销售经验和顾客应对经验，在课堂上，当让他复盘与顾客拉近距离的方式和技巧时，他写出了以下几条关键性的建议。(1) 一直保持微笑和目光的接触；(2) 让顾客把话说完，不打断和猜测顾客还没有说完的话；(3) 向顾客提问时应尽量选择他们比较感兴趣的话题；(4) 如果顾客表现出不耐烦或是不想被打扰时，我会尊重顾客的意愿；(5) 如果顾客在某个产品前逗留的时间比较长，我会以轻柔的语调再次询问顾客是否需要帮助；(6) 展现个人的魅力，并提供个性化的建议；(7) 总是使用正面的语言；(8) 当顾客未购买产品并准备离开时，递上产品宣传册并欢迎他们再次惠顾。

以上内容就是学员通过回忆自己的经历，所输出的关键要点内容。接下来，我们按照经验萃取的"头""身""足""包"四个方面整理上述经验，输出结果如表 3-12 所示。

表 3-12　如何在卖场与顾客拉近距离

头：思维层面	时刻保持微笑、适当目光接触、使用正面语言、展现个人魅力	
身：方法层面	主动出击	防守反击
足：行为层面	当顾客在产品前久留时，轻柔地再次询问其是否需要帮助 当顾客未购买产品并准备离开时，送其产品宣传册，欢迎其再次惠顾	当顾客提问题时，回答并提供建议 当顾客说话时，不打断，不猜测 当顾客免打扰时，尊重顾客的意愿
包：应用层面	随身话术卡	

业务专家访谈式萃取

业务专家访谈式萃取就是以口头沟通的形式，根据业务专家的答复搜集客观的事实材料，以准确地阐述工作过程及细节的一种萃取方式。一次完整的业务专家访谈式萃取要经过三个阶段，即准备阶段、实施阶段和总结阶段。

准备阶段

建立访谈关系是访谈过程中的重要一环，访谈成功与否在很大程度上取决于萃取者与业务专家之间的关系。访谈前，要向业务专家告知自己的萃取主题，要尽量做到坦率、真诚，尽自己的努力回答对方提出的问题，以消除他们的疑虑。在萃取过程中如果需要录音，那么应先征得业务专家的同意。在访谈中应遵循口语化、生活化、通俗化和地方化的原则，用业务专家听得懂的语言进行交谈。至于访谈的时间，要尽量以业务专家方便时为宜。

实施阶段

实施阶段的主要流程有开场问候、访谈实施和告别感谢。

开场问候

介绍此次访谈的目的和时间安排，对业务专家的参与表示感谢，示例如下。

您好，非常感谢您能抽出宝贵的时间接受我的访谈。此次访谈的目的是……这次访谈预计需要90分钟。

如果要想从业务专家那里获得自己需要的东西，就要根据实际情况随机应变，并随时调整策略。当遇到侃侃而谈的业务专家时，要适时打断对方，将谈话引回主题；当遇到不善言辞的业务专家时，要循循善诱、注重启发、避免冷场；当遇到怕说错话、推脱不讲的业务专家时，则要声明萃取的目的和价值，解决其后顾之忧。

访谈实施

在进行访谈时，要通过询问五类问题，从多个维度对业务专家的经验进行萃取。这五类问题包括事实性问题、探索性问题、要因性问题、假设性问题和确认性问题。

第 1 类：事实性问题

在萃取时，首先应提问一些简单问题，事实性问题就属于这类问题。在询问事实性问题的过程中，我们会询问业务专家的成功经历或成功事件。这个过程往往是以业务专家讲故事的形式来完成的，一般来讲，业务专家的压力和抗拒不会很大。

针对×××任务或问题，您有哪些成功的经历？

最近一次相关的成功经历是什么？发生在什么时候？当时的具体情况如何？

该事件发生的背景是什么？（什么时间、什么地方、哪些人参与？）

您在此次事件中主要扮演什么角色？您需要完成的主要工作有哪些？

第 2 类：探索性问题

这类问题可以帮助萃取者获得额外的、深层次的经验。在业务专家回答问题的过程中，当其回答不清楚或需要深挖时，我们就需要询问探索性问题。

关于××问题，您能再具体说一下吗？

在事件当中，您采取了哪些行动？

您解决这个问题或完成这个任务的具体步骤是什么呢？

针对以上的问题，您能再举个例子吗？

第 3 类：要因性问题

通过提问的方式，萃取出做事方法背后的动机和技巧是获得深层次的经验的法宝。通过提出要因性问题，可以找出最有可能导致问题产生的根源。要因性问题的结构非常简单，但威力却不容小觑。

您是出于什么考虑才这样做的？

您认为是什么原因造成了现在这样的结果？

您做出这样的选择的原因是什么？

还有哪些更深层次的原因？

5Why 分析法也是萃取经验的一种好方法。通过一直不停地追问，我们可以得知业务专家在哪些方面表达不清、在哪些方面还没有说透，还可以更深入地挖掘出方法背后的关键行为。

5Why 分析法，又称剥洋葱法。5Why 分析法是对一个问题点连续问五个“为什么”，以追究其根本原因的方法。虽为五个“为什么”，但使用时不限定只进行五次“为什么”的探讨。5Why 分析法的关键在于，鼓励解决问题的人要努力避开主观或自负的假设和逻辑陷阱，从结果着手，沿着因果关系链条，顺藤摸瓜，直至找出问题的根本原因。

丰田汽车公司前副社长大野耐一曾通过 **5Why** 分析法找出停机的真正原因。

- 问题一：为什么机器停了？
- 答案一：因为机器超载，保险丝烧断了。
- 问题二：为什么机器会超载？
- 答案二：因为轴承的润滑不足。
- 问题三：为什么轴承会润滑不足？
- 答案三：因为润滑泵失灵了。
- 问题四：为什么润滑泵会失灵？
- 答案四：因为它的轮轴耗损了。
- 问题五：为什么润滑泵的轮轴会耗损？
- 答案五：因为杂质跑到里面去了。

经过连续五次不停地追问“为什么”，大野耐一才找到了问题的根本原因和解决这个问题的方法：在润滑泵上加装滤网。

试想一下，如果大野耐一只问了一个“为什么”，员工只会更换保险丝；

当问第二个“为什么”时，员工会补充润滑剂；当问第三个“为什么”时，员工会更换其他品牌的润滑剂；当问第四个“为什么”时，员工会更换轮轴；直到问第五个“为什么”时，他才找到问题的根本原因。如果员工没有以这种追根究底的精神来发掘问题，他们很可能只是换根保险丝草草了事，问题并没有得到真正解决。5Why 分析法的每一次追问，既是在探寻问题背后的问题，也是在探寻经验背后的经验，以便让经验更有深度。

第 4 类：假设性问题

这种提问方式是站在新手的角度提问题，从业务专家的角度给出解决方法和关键技巧。

假如现在面临×××情况，您会如何做，会先做什么，再做什么？

假如回到最初刚做这件事的时候，您认为哪些环节最容易出现错误？

第 5 类：确认性问题

在访谈过程中，萃取者通过确认性问题不断地总结和提炼内容，确保自己理解的与业务专家的想法保持一致；通过确认性问题来理解萃取出的经验，整理出业务专家的初步思路。

我来复述一下刚刚记录的内容，您看看还有哪些被遗漏了。

您看一下我的总结，还有什么需要修正的吗？

对于刚刚您讲的这些技巧，我是否可以这样理解……

在访谈过程中，要尽量使用开放式问题来获得更多、更深入的经验。当业务专家的表述不明确时，建议使用封闭式问题向其再次确认。

在访谈业务专家时，我们需要特别注意的是，要多用疑问句，少用或不用反问句，这与疑问句和反问句的属性有关，也与中国人的文化有关。疑问句具有请教的属性，它将萃取者的姿态摆得比较低，是一种学习和探讨的姿态，表明萃取者自己有不明白的地方，希望能够获得业务专家的答疑解惑。它暗含着对业务专家的尊重和感谢，尊重他知识渊博，感谢他不吝赐教。疑问句是开放的、有指向性的，但不那么确定，带有商量的口吻。比如，这好像对新员工很有挑战，您觉得呢？这个问题的好处是，它将如何回答的主动权交给了业务专家。而反问句具有挑战的属性，它将萃取者摆在与业务专家平等的位置，甚至是摆在比业务专家更高的位置，表明萃取者对自己的问题有了很好的答案，并且也知道业务专家可能提供的答案。比如，您认为这对新员工没有挑战吗？这样的提问方式会给人一种不舒服的感觉。

在访谈业务专家时，不仅要主动提问、认真倾听，而且还要适当地做出回应，如“微笑”“点头”“鼓励的目光”等非言语反应和“嗯”“对”“是的”

等言语反应。

告别感谢

感谢业务专家的配合并说明如有不明白的地方可能还会打扰他，希望业务专家能够继续配合，示例如下。

感谢您的配合，耽误了您不少的时间，今天的访谈给我带来的收获很大。我会尽快整理一份访谈报告并发给您，如有什么错误或不周全的地方，还请您多多指教。

总结阶段

在访谈结束后，我们还需要对访谈内容进行总结。首先，对所获知的内容进行反思，这会起到加强记忆的作用；其次，通过邮件或书面的形式与业务专家进行沟通，确保我们所理解的内容的正确性，如有疏忽或遗漏的地方，可以请业务专家为我们及时修正和补充；最后，向业务专家表达感谢并与其建立良好的沟通关系，从而为后续工作的开展打下良好基础。

在实际访谈中，萃取者并非完全按照提纲中的问题顺序依次完成提问，可以根据现场问答情况自行调整问题顺序。需要注意的是，不论如何调整顺序，提纲中的问题都有了对应的答案后，访谈工作才算完成。我们可以根据业务专家的回答，随时提出探索性问题，以便找到问题的答案，并通过确认性问题时刻保证自己的理解与业务专家的想法保持一致。

综合观察式萃取

综合观察式萃取包括直接观察法和间接观察法两种类型。直接观察法的基本原理是，观察者参与到被观察者的工作中，并与他们共同完成某一项任务，在完成任务的过程中，通过观察他们的行为过程及操作细节获得资料，然后对资料进行分析，得出结论。间接观察法是站在旁观者的角度，从第三方的视角观察被观察者完成某一项任务的全过程，分析他们的主要行为特征和操作细节，最终形成萃取成果。

综合观察式萃取有以下几个优点。(1)直接性。在同一种工作环境下，观察者和被观察者可以直接接触，没有其他中间环节，观察者可获取第一手的信息资料，且信息资料真实可靠。(2)情景性。观察一般是在自然状态下实施的，这样有利于减少由于语言或表述中的误差而造成的干扰，从而可以使观察者所获得的资料更具客观性。(3)及时性。观察者能够观察到正在发生的现象和过程，因此可以及时获取新鲜资料。(4)系统性。观察者可以进行较长时间的反复观察和跟踪观察，从而掌握被观察者的行为动态。

综合观察式萃取也有很大的局限性。(1)观察者只能反映客观事实的发生过程，而不能说明其行为和看法产生的原因和动机；(2)虽然观察者本来不想影响被观察者的正常活动，但通常情况下，这样的参与往往会在某种程度上影响被观察者的正常活动。加之个人的观察难免带有主观性和片面性，从而使观察结果的准确性下降。因此，综合观察式萃取适用于显性化程度比较高的动作技能的萃取，而且更适用于那些以体力劳动为主的工作，如银行柜员、操作工人的工作等，但不适用于以脑力劳动为主的工作和需要处理紧急情况的间歇性工作，如管理人员、销售人员的工作等。

综合观察式萃取有三大核心要素：一看行为，看他们做了什么；二听要点，听他们说了什么；三做验证，检验自己的观察是否正确或有哪些遗漏的内容。

包：经验萃取的两大核心工具

在经验萃取过程中，萃取者可以运用以下两大核心工具，从而高效且高质量地完成萃取，这两大核心工具分别是自我复盘式萃取表和业务专家访谈式萃取表。

自我复盘式萃取表

自我复盘式萃取表，如表 3-13 所示。

表 3-13　自我复盘式萃取表

萃取主题				
切框架	挖细节	识障碍		配工具
流程步骤 核心要素	关键环节 关键动作 关键要点	易错点 困难点 易忽略点	方法 建议 技巧	表单助力 卡片随身 流程指引 心法口诀

业务专家访谈式萃取表

业务专家访谈式萃取表，如表 3-14 所示。

表 3-14　业务专家访谈式萃取表

访谈结构	问题示例
复盘事件	针对×××任务或问题，您有哪些成功的经历 最近一次相关的成功经历是什么？发生在什么时候？当时的具体情况如何 该事件发生的背景是什么（什么时间、什么地方、哪些人参与） 您在此次事件中主要扮演什么角色 您需要完成的主要工作有哪些
建构框架	您最初的解决问题的想法是什么，这些想法怎样形成的 在事件当中，您采取了哪些行动

续表

访谈结构	问题示例
建构框架	您解决这个问题或完成这个任务的具体步骤是怎样的 第一步是什么？具体如何做的？第二步是什么？第三步是什么…… 如果按重要程度给这几个步骤打分，您会分别打几分 您能说明一下打分的理由吗
挖掘细节	在完成第一步的时候，您做了哪些细节方面的动作 能举一个具体的例子吗 您是出于什么考虑才这样做的 接下来的第二步呢？第三步呢…… 您认为以上步骤中的关键环节或关键行为有哪些 您做出这样的选择的原因是什么
识别障碍	以上每个步骤中，可能发生的最坏结果是什么 您认为造成这些最坏结果的原因是什么 假如现在面临×××情况，您会如何做，会先做什么，再做什么 假如回到最初刚做这件事的时候，您认为哪些环节最容易出现错误 针对给出的方法，您认为新手所面临的挑战和可能遇到的陷阱是什么 针对这些挑战和陷阱，您具体会怎么做，或者您会给出什么指导和建议
提炼工具	对于新人来讲，熟练应用以上方法和技巧是比较困难的，那么您会配置一些什么样的表单、话术、工具卡或心法口诀来助力其应用呢 新人在使用这些工具的过程中，会遇到哪些障碍、面临哪些挑战呢 针对他们遇到的障碍和面临的挑战，您会给他们什么指导和建议呢
复述确认	我来复述一下刚刚记录的内容，您看看还有哪些被遗漏了 对于刚刚您讲的这些技巧，我是否可以这样理解…… 您看一下我的总结，还有什么需要修正的吗 如果这个经验用模型来表示的话，您觉得是不是这个样子 关于配套的工具，您看我可以这样整理和输出吗

本章回顾

下面是针对本章内容的要点回顾，请选出正确的答案。

1. 经验萃取成果的四个层面分别是思维层面、方法层面、行为层面和________（应用层面/指导层面）。

2. 经验萃取要符合四个原则，它们分别是有结构、可模仿、能排错、易应用。（正确/错误）

3. 常见的切分框架的方法有两种，即按流程步骤切框架和按外在方法切框架。（正确/错误）

4. 在二级萃取中，我们可以从三个方面挖细节，它们分别是关键环节、关键动作和________（关键要点/关键指导）。

5. 在三级萃取中，识别的障碍包括易错点、困难点和易忽略点。（正确/错误）

6. 常用的配套工具有四类，它们分别是表单助力、卡片随身、流程指引、心法口诀。（正确/错误）

7. 一个经验在落地传播前，要经过三审定稿，即审选题、审经验和________（审工期/审落地）。

8. 自我复盘式萃取是指萃取者通过回顾自己的经历，按萃取流程并运用工具完成萃取的一个过程。（正确/错误）

9. 业务专家访谈式萃取就是以口头沟通的形式，根据业务专家的答复搜集客观的事实材料，以准确地阐述工作过程及细节的一种萃取方式。（正确/错误）

10. 综合观察式萃取包括直接观察法和间接观察法两种类型。（正确/错误）

参考答案

1. 应用层面

2. 错误

3. 错误

4. 关键要点

5. 正确

6. 正确

7. 审落地

8. 正确

9. 正确

10. 正确

第四章

Structure 建模封装，显性经验形象化

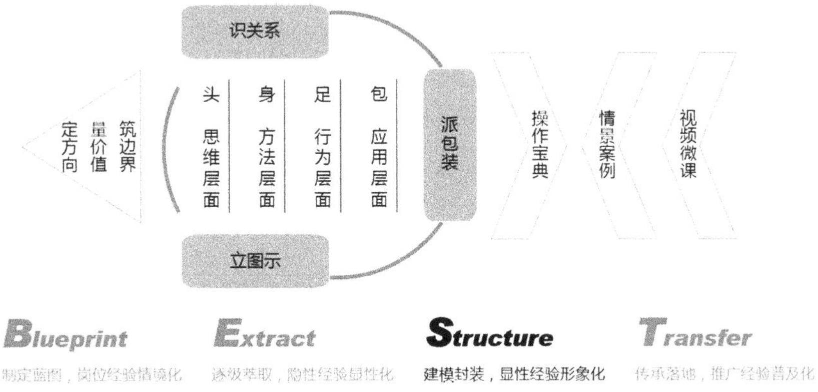

BEST 高能经验萃取“鱼”模型

【本章导图】

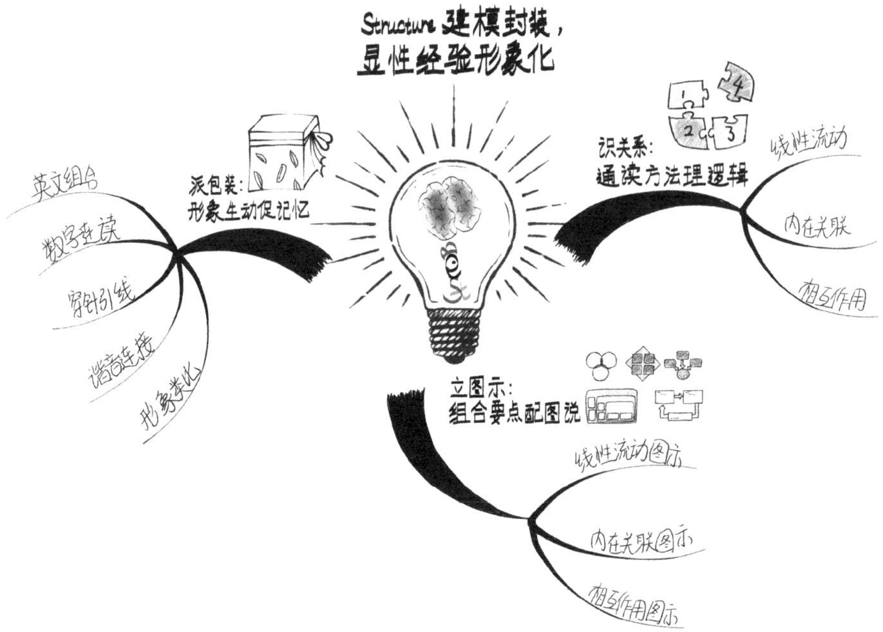

萃取出的经验不仅要有价值，更要方便记忆和传播。通常情况下，人类的大脑是怎样获取信息的呢？研究发现，图表可以将人们的阅读欲望提高到 80%；只有文字的说明书，人们只能理解 70%左右；图文并茂的说明书，人们能理解 95%以上。在沃顿商学院的课堂上，只有 50%的听众会被形式单一的演讲打动，伴随着视觉化 PPT 图表的出现，演讲的说服力提高到了 67%。为什么图形比文字更容易记忆呢？实验心理学家赤瑞特拉进行过一个著名的心理实验，这个实验是关于人类大脑获取信息的来源方面的内容的，即人类主要通过哪些途径获取信息。他通过大量的实验证实：人类获取的信息 83%来自视觉，11%来自听觉，3.5%来自嗅觉，1.5%来自触觉，1%来自味觉。

在“Structure 建模封装，显性经验形象化”这一步中，我们需要抓住以下三个环节。识关系：通读方法理逻辑；立图示：组合要点配图说；派包装：形象生动促记忆。这样做的目的是让枯燥难记的经验变得更易于掌握。

识关系：通读方法理逻辑

人的大脑更喜欢结构清晰、排序逻辑严谨的内容，符合这两点的事物更容易被大脑所接收。比如，排序的概念是从数数开始的，刚开始能从 1 数到 3，后来能从 1 数到 10，慢慢地能数出更多，这种从小数到大数的排列就是一种符合我们认知习惯的逻辑排序。再比如，春、夏、秋、冬这样的季节顺序，如果以春、夏、秋、冬这样的顺序来进行排列，那么就违反了自然的客观规律，同时也增加了记忆的难度。在本环节中，我们要认真研究萃取出的经验框架和细节，识别出它们的内在关系并对其进行逻辑排序。常见的排序逻辑有三类，它们分别是线性流动、内在关联和相互作用。

线性流动

线性流动是最常用的一种逻辑关系，原因如下：其一，萃取出的经验大多是业务专家做事情的一个过程，它本身就具备一定的线性流动逻辑；其二，线性流动逻辑的经验更容易被学员模仿，更容易迁移到实际工作环境中。单向流程、复杂流程和循环流程，这三种流程从不同维度体现了以时间先后为基础的线性流动逻辑。

单向流程

单向流程是指萃取出的经验要点之间是清晰的时间顺序关系，同时这个关系只具有单向流动的特性。

【案例 4-1】如何审核企业财务数据的真实性

在银行对公审核贷款过程中，财务信息是企业经营情况的量化反映，是银行实施授信业务的重要方法。提高财务数据真实性审核的效率，对提高银行授信业务的审批效率具有重要意义，如何审核企业财务数据的真实性呢？

通过访谈，我们萃取出了业务专家的经验。

第一步，获取资料，即向企业索取内部资料或通过其他方式搜集企业所属行业资料；第二步，初步判断，即核实报表数据、梳理背景材料和印证资料关联；第三步，加工计算，即审核报表钩稽关系和测算财务指标；第四步，比对寻疑，即从企业数据与企业自身情况对比和企业数据与同行业对比中寻找疑点；第五步，疑点求解，即将上一环节发现的疑点进行归类，判断问题主要出现在哪些方面，然后将疑点问题反馈给企业，并寻求企业对于疑点的有效解释，最后将企业的解释与银行一方的疑点进行对比，得出最终结论。

经过与业务专家的最终确认，我们发现，对于以上萃取经验的五个步骤来讲，只有完成了前一步任务才可以开始后一步任务，它属于单向流动关系，如图 4-1 所示。

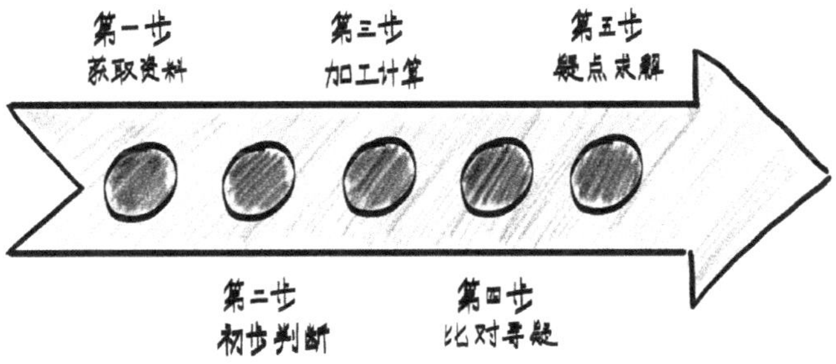

图 4-1　如何审核企业财务数据的真实性

复杂流程

复杂流程是指萃取出的经验要点之间是基本的单向线性流程关系，同时又在某一个或某几个环节中包含其他的逻辑关系的组合。

【案例 4-2】项目经理如何保障任务推进

项目经理日常工作中的一项重要工作就是推动项目团队成员完成任务。优秀的项目经理能够针对任务重要程度的不同，因人而异地布置任务并跟踪结果。而很多新任的项目经理却常常“眉毛胡子一把抓”，最终导致任务进展不理想。通过对优秀项目经理的经验萃取，我们得到了下面的方法，即把任务分为一般任务和复杂任务。一般任务的推进分为两个步骤：第一步，领命分配，从上级那里领回任务，按各自工作职责和团队各成员的不同特长分配任务；第二步，跟踪管控，在项目团队成员完成任务的过程中，项目经理对节点和成果进行监督反馈，以保障任务的顺利完成。对于复杂的任务，要先进行难点分析，分解任务的难点和障碍，并匹配与之相对应的有效的策略，然后再按照一般任务的推进方式，进行领命分配和跟踪管控。在推进任务的过程中，“以目标为中心”是贯穿始终的原则。

与业务专家确认后的任务推进流程图，如图 4-2 所示，从图中我们可以看出，这个任务推进的经验不是一种单向流程关系，而是一种复杂流程关系。在识别复杂流程关系的过程中，我们要与业务专家反复确认以下两点：一是确认正确的逻辑关系，二是要尽可能以图示的方式将萃取结果展示给业务专家，以确保萃取结果与业务专家的表达保持一致。

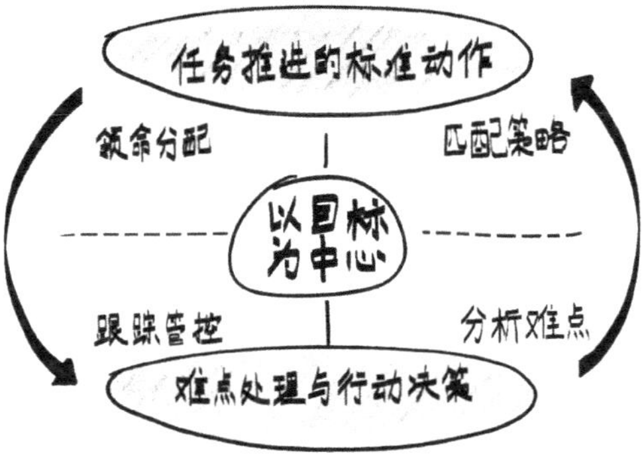

图 4-2　任务推进流程图

循环流程

循环流程是指萃取出的经验要点之间是流程关系，同时这个流程首尾相连形成了闭环。也就是说，流程中最后一步的完成意味着新的第一步的开始。

【案例 4-3】销售人员如何判断客户处于哪个购买阶段

在终端卖场，20%业绩好的销售人员实现了 80%的客单量。通过访谈 20%业绩好的销售人员我们发现，他们不仅掌握了销售的流程步骤，同时还了解了顾客购买商品的心理过程。他们在销售过程中，通过判断顾客的购买阶段，能够更快速地找到切入点，有效地控制销售局面。

通过对20%业绩好的销售人员进行经验萃取，我们总结了以下经验。

第一步，产生需求。顾客现有的手机旧了，运行速度很慢，需要一部新的手机，于是他们产生了购买需求。第二步，收集信息。顾客开始收集品牌、价格、性能、口碑等一系列的手机产品信息。第三步，明确目标。顾客梳理前一步收集到的信息，确定自己想购买的手机的品牌、价格区间和性能指标等。第四步，对比评估。顾客到实体店进行体验，并做出最后的购买决定。第五步，成交付款。顾客交钱购买手机。第六步，使用评价。顾客开始使用新手机，对新手机进行评价。这时，他们的评价会影响身边的人或自己下次购买手机时的选择，开启一个新的购买循环。销售人员通过提问可以判断顾客处在购买的哪个阶段，并使用针对性的销售话术以便留住顾客，并促使顾客完成购买。

如图4-3所示，顾客购买商品的心理过程就是一个循环流程。循环流程是单向流程的一种变形，这种循环流程中的第一步与最后一步首尾相连，强调的是解决一个问题的过程。它不是只按简单的时间顺序发展，而是要经过反复的循环和优化才能最终达成目标。

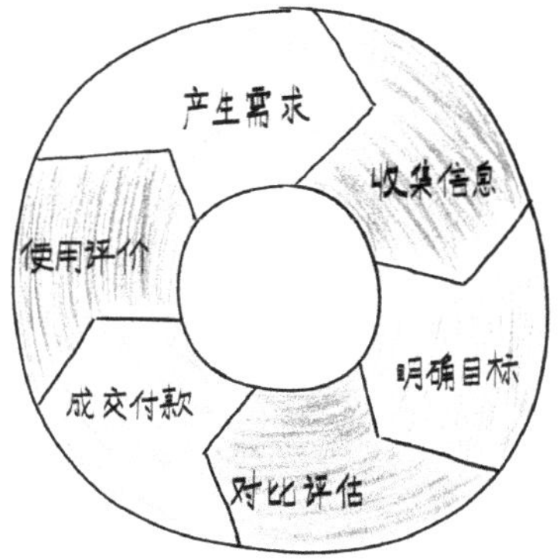

图 4-3　顾客购买商品的心理过程

大家熟知的戴明环也是循环流程的代表，如图 4-4 所示。

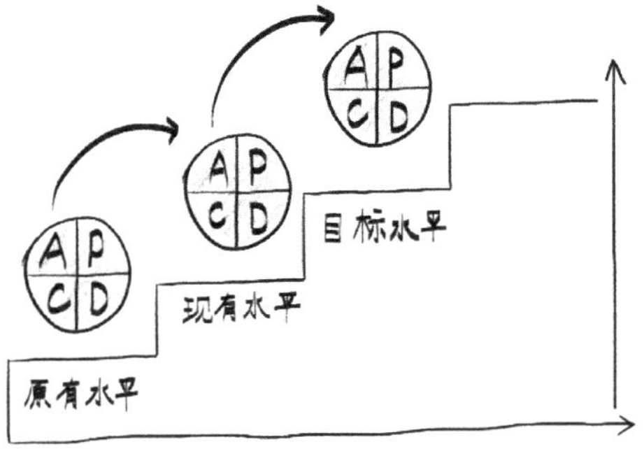

图 4-4　戴明环

内在关联

对于复杂的经验或颗粒度较大的经验，内在关联是这些经验呈现时常用的一种逻辑关系，它能够更清晰地阐述业务专家经验框架与细节的内在关系。常见的内在关联逻辑关系有并列关系、重叠关系和包含关系三种。

并列关系

并列关系是指萃取出的经验要点内容不分前后，彼此之间是平行并列的逻辑关系。有时，我们在并列关系中会依据经验要点内容的重要程度进行简单的排序，但是这种排序仅代表哪一部分经验要点内容更重要。

【案例 4-4】在贷款审批过程中，银行如何及时发现客户风险

银行在贷款审批过程中，业务专家要及时发现客户风险并进行有效处理，这项工作是非常重要的。除了查询银行内部已有系统信息，业务专家还会通过外部手段收集客户风险信息。

通过对业务专家的经验萃取，我们得到以下方法。

第一，查抵押物状态。(1) 权属状态查询：通过房产管理部门查询抵押物的权属状态，如抵押物是否被查封、有无重复抵押情况；(2) 使用状态查询：现场查询抵押物状态及所有权情况，如抵押物状态是否可分辨、实际抵押物与评估调查的抵押物是否一致、抵押物是否已被出售等情况；(3) 租赁状态查询：通过查询租金回笼情况了解租金收取情况，如抵押人是否已提前收取多年租金，抵押物实际租金是否与租赁合同一致；(4) 抵押人状态查询：了解抵押人的情况，发现存在的潜在风险。

第二，搜网络信息。(1) 涉诉违规信息查询：通过相关工具查询企业的工商信息、海关信息，如被法院起诉、营业执照被吊销、被海关、工商、税务部门处罚的情况等；(2)企业负面信息查询：通过搜索引擎搜集信息，如是否被媒体曝出负面信息、是否存在环保不达标的情况、是否存在劳动纠纷等。

第三，挖征信风险。(1) 企业借款情况查询：通过企业融资金额的变化识别其风险；(2) 关联企业情况：通过关注关联企业情况，逐户了解其与借款人的关系及经营情况；(3) 对外担保情况查询：通过关注对外担保的情况，了解企业贷款的实际状态，如对外担保贷款剩余抵押情况和对外担保的原因等。

第四，询同行反馈。(1) 上下游客户：侧面了解客户信息，如应收账款支付情况、其他负面信息等；(2) 竞争对手：通过询问竞争对手，了解该企业在业内的口碑、在同行业内的排名、经营该行业的时间等信息。

如图 4-5 所示，在访谈过程中，业务专家明确指出以上四种方法在应用时不分先后顺序，无论通过哪种方法发现风险点，银行都会马上停止贷款审批，所以以上案例中经验要点的逻辑关系被归类为并列关系。

图 4-5　四种方法发现企业风险信息

重叠关系

重叠关系也是经常使用的一种逻辑关系。它体现了经验要点内容中的逻辑交叉，也体现了经验要点内容之间的彼此协作。比如，大学毕业生在选择就业岗位时，通常会考虑三方面的因素，即符合个人兴趣、与自己的专业能力相匹配、符合企业发展方向。一个好的就业岗位应该是位于以上三方面内容交叉后的区域。

【案例 4-5】银行在信贷业务审批过程中，如何合理评估资产价值

银行在信贷业务审批过程中，由于不能正确评估房地产押品价值而导致房地产押品价值被虚高评估的情况时有发生，如何才能对房地产押品进行合理的价值评估，解决因贷款不能及时归还而引起的变现难题呢？

通过对业务专家的经验萃取，我们得到以下方法。

在现场勘查时，要对房地产押品的实物状况、权证状况和市场状况进行评估。对实物状况进行评估时，要做到五看（看内外、看新旧、看南北、看上下、看大小）；对权证状况进行评估时，要做到三查（查所有权情况、查土地性质、查剩余年限）；对市场状况进行评估时，要做到三调（调查周边配套设施情况、调查周边交通状况和调查周边生活环境情况）。

如图 4-6 所示，业务专家一般会分别评估三个维度，同时会对三个维度评估的结果进行综合考量，并给出最终的评估报告。

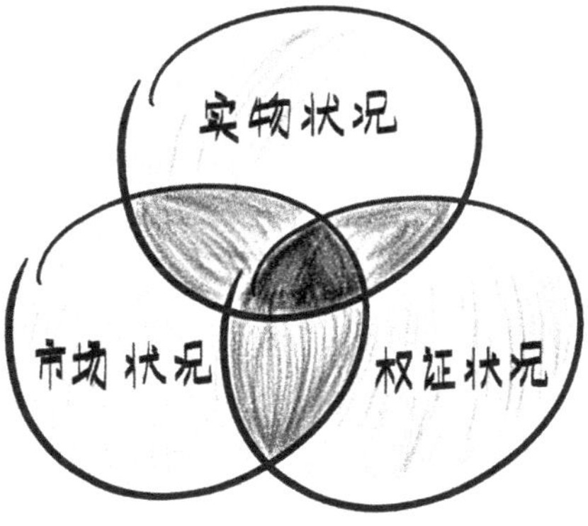

图 4-6　三个维度评估房地产押品价值

包含关系

包含关系是指两个或两个以上的经验内容要点之间是一种由外而内的覆盖关系，或者是一种由内而外的发展关系。这些经验内容要点之间可能存在交集，也可能没有交集。接下来，让我们通过一个萃取案例来看看“包含关系”是如何帮助业务专家解释清楚建筑面积和套内面积这两个专业概念的。

【案例 4-6】在房地产销售过程中，如何讲解套内和套外面积

业务专家在介绍房地产项目时，经常提到两个概念，即建筑面积和套内面积。建筑面积是指建筑物外墙（柱）勒脚以上各层外围水平投影面积之和，包括阳台、挑廊、地下室、室外楼梯等。建筑面积=套内建筑面积+公摊面积。公摊面积是指商品房销售中应分摊计入销售面积的商品房中公共建筑空间的面积，包括楼梯间、电梯井、共用走廊等。简单来讲，建筑面积是房本上所呈现的面积。套内建筑面积是指商品房套内各部分建筑面积的总和。套内建筑面积=套内使用面积+套内分摊面积，套内使用面积是指自己实际能使用的面积，通俗来讲就是指“地毯面积”，即能铺地毯的面积就是能切实使用的面积。

如图 4-7 所示，关于建筑面积与套内面积这两个概念的解释，业务专家用了一张包含关系图来说明。业务专家表示，这样的展示能够让客户快速地理解这两个概念，从而提高沟通效率，同时专业的解答也提升了客户对业务专家的信任。

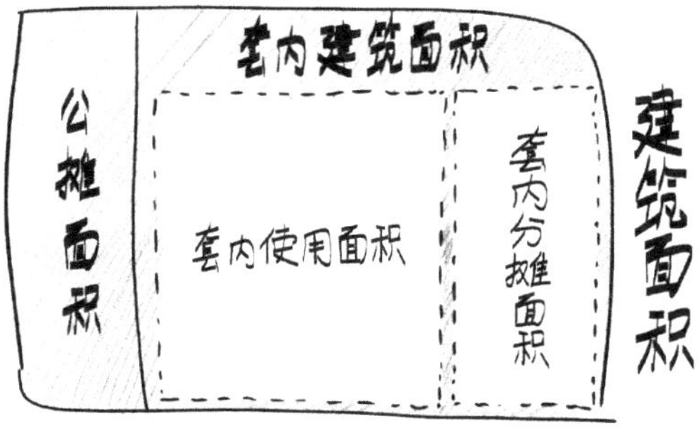

图 4-7　建筑面积与套内面积

相互作用

相互作用是指经验要点之间是一种彼此独立又互相协作的逻辑关系，多用于复杂的经验或颗粒度较大的经验。常见的相互作用逻辑关系有合力关系、平衡关系和分割关系。

合力关系

合力关系是指萃取出的经验要点之间是一种彼此独立，又都为了共同的目标的做功的逻辑关系。波特五力模型是比较典型的合力关系的案例，该模型是迈克尔·波特于20世纪80年代初提出的。他认为行业中存在着决定竞争规模和程度的五种力量，它们分别为进入壁垒、替代品威胁、买方议价能力、卖方议价能力及现存竞争者之间的竞争，这五种力量是影响产业吸引力及现有企业竞争战略的重要因素。

【案例4-7】在门店销售过程中，如何营造良好的购物环境

> 在门店销售过程中，销售人员为了让客户有更好的购物体验，会在客户进门时热情相迎，为其提供帮助，并在客户购物及离开时给出不同的回应。销售人员在销售过程中应做到以下几点：（1）来有迎声（您好，欢迎光临）；（2）问有答声（您好，有什么能够帮到您的）；（3）忙有歉声（稍等，我马上过来）；（4）走有送声（您好，欢迎下次光临）。虽然只是简简单单的四句话，但却给了客户亲切的购物感受。

如图4-8所示，所有的经验要点都向着同一个目标做功，这就是合力关系的内在逻辑。

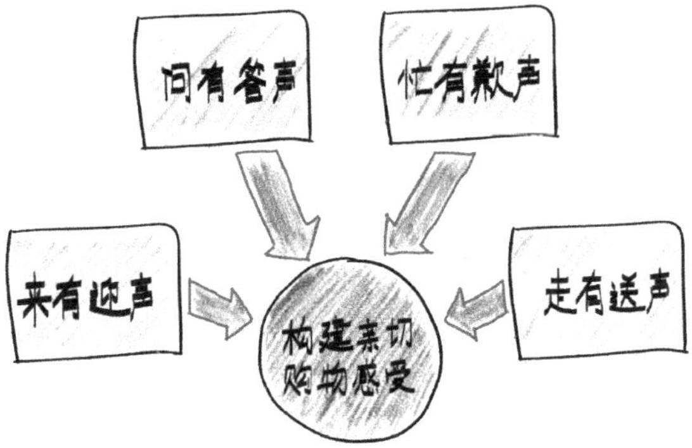

图 4-8　构建亲切购物感受

平衡关系

平衡关系是指萃取出的经验要点之间是一种内在对等的关系，是一种既要做好 A 面，也要做好 B 面，失去哪一面都会失去内在平衡的关系。平衡关系就像人的左右手，协调的双手会让人完成更多的任务，创造更好的价值。

【案例 4-8】企业如何通过网络推广来提升产品知名度

企业在网络推广过程中，经常使用搜索关键词的自然排名和搜索竞价两种方式。企业的网络营销及网络优化人员，既要利用搜索引擎优化（Search Engine Optimization，SEO）技术，使企业相关产品的关键词在搜索引擎中排名靠前，也要通过关键词竞价的方式，使消费者和潜在客户更快速地搜索到自己的企业。通过网站 SEO 推广的词往往是企业的品牌词（含有企业名称和产品商标的词汇名称）和长尾词（含有企业名称和产品商标名称的长词汇）。通过搜索竞价的词往往是企业产品的核心词（产品类别和产品归属）。

如图 4-9 所示，平衡关系图更好地体现了这两种方式之间的内在关系，可以使企业的网络营销人员及网络优化人员时刻注意它们之间的平衡。

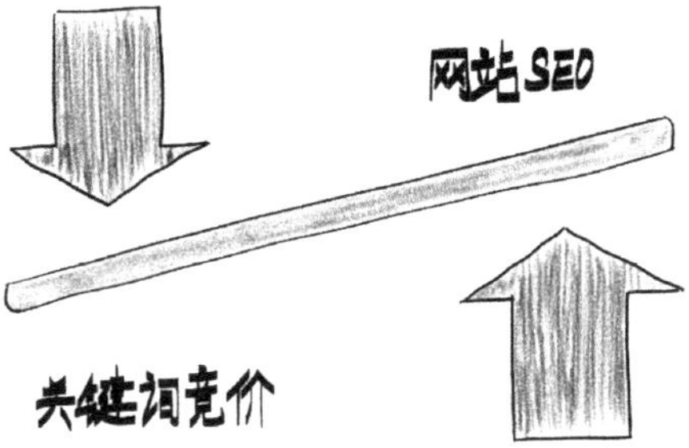

图 4-9　企业网络推广的两种方式

分割关系

分割关系是从两个维度对同一事物进行深入分析的一种逻辑关系，如著名管理学家史蒂芬・柯维提出的时间管理理论，这种理论通过分割关系来表示时间管理的四个象限，不仅容易记忆，而且容易理解。如图 4-10 所示，时间管理理论把事情按照重要和紧急程度划分为四个象限，即重要紧急、重要不紧急、不重要紧急、不重要不紧急。

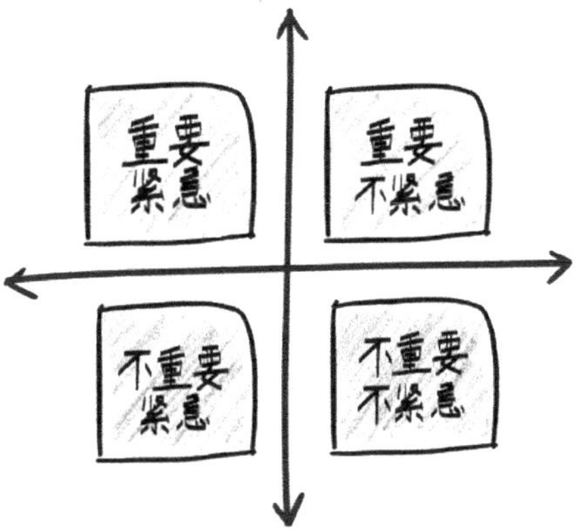

图 4-10　时间管理的四个象限

【案例 4-9】如何对经验进行分类

对于常见的经验，我们可以按照有没有道理和有没有用处这两个标准来进行分类。有道理、有用的经验被称为“干货”经验。有道理、没用的经验被称为“鸡汤”经验，这类经验是很容易误导学员的，因为它们听起来很有道理，但其实并没有给出什么实际的指导。没道理、有用的经验被称为“偏方”经验。我们把那些没有道理也没有用的经验称为“废料”，在经验萃取时一定要避免选择“废料”。

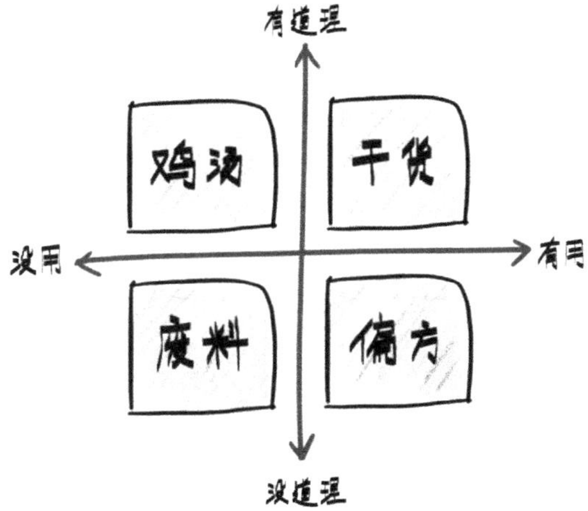

图 4-11 经验的四个类别

如图 4-11 所示，通过分割关系，我们可以很好地将四类经验进行逻辑化呈现。分割关系属于复杂的逻辑关系，这种关系非常考验业务专家的深度思考能力，同时也非常考验萃取者的逻辑思维能力。

立图示：组合要点配图说

美国教育心理学家、认知心理学家杰罗姆·布鲁纳提出：从人类的记忆看，除非把一件件事情放进构造好的模型里，否则很快就会忘记。他认为，获得的知识，如果没有完美的结构将其关联在一起，那多半是一种会被遗忘的知识。学习的本质是一个人把同类事物联系起来，生成有意义且容易记忆的结构的过程。学习就是认知结构的重新组织，就是在学员的头脑中形成各学科知识的体系。

学员处理和加工所学经验的过程可以分为以下几个步骤。第一步，将经验在大脑中进行结构化处理。大脑对输入的内容进行分类、分组，厘清输入内容所处的层级。第二步，在理解的基础上进行记忆。虽然理解和记忆不是我们的最终目的，但学员需要以此为前提，并在合适的时间快速提取这些经验，以应对实际工作。在这个过程中，学员需要思考如何将提取出的经验与之前的相关已知经验建立连接。第三步，将经验可视化或图形化。与文字相比，图像和图形类的内容更容易被人类大脑记住。

然而，并不是所有的经验都适合转化为图示。通常情况下，那些选题颗粒度较大或复杂程度较高的经验更适合转化为图示。在萃取经验的过程中，学员群体越复杂，我们就越需要给出简单易理解的经验。如何让选题颗粒度较大或复杂程度较高的经验更容易被学员理解和传播，在“立图示，组合要点配图说”环节，我们将采用线性流动图示、内在关联图示、相互作用图示三类逻辑图形，以使经验变得容易理解和方便传播。

线性流动图示

首先，让我们来看一下常用的线性流动图示，常用的线性流动图示包含单向流程、复杂流程和循环流程三种逻辑关系的图示。

单向流程图示

常用的单向流程图示，如图 4-12 所示。

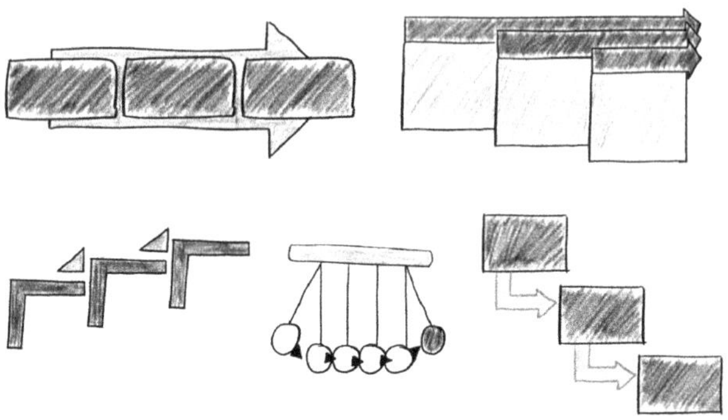

图 4-12　单向流程图示

复杂流程图示

常用的复杂流程图示，如图 4-13 所示。

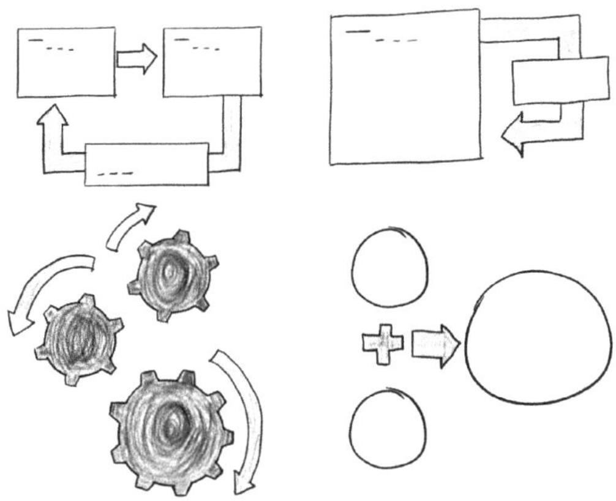

图 4-13　复杂流程图示

循环流程图示

常用的循环流程图示，如图 4-14 所示。

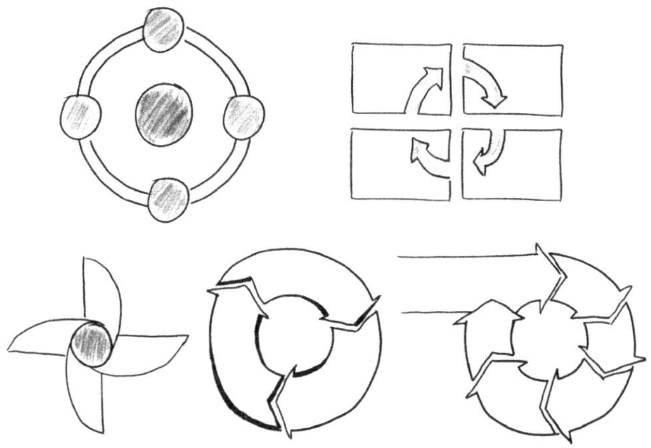

图 4-14　循环流程图示

下面，我们来看一个用线性流动图示来展现经验结构的案例。

【案例 4-10】如何提高员工的执行力

企业在管理过程中发现，一个优秀员工和一个普通员工完成同一难度的任务，结果会大有不同，这种不同不仅体现在完成任务的质量方面，还体现在完成任务的效率方面。如果用一个词来描述这两种不同的话，那就是执行力。那么，如何提高员工的执行力呢？通过对优秀员工的经验萃取，我们得到了以下经验。

第一步，领命确认。这个环节的目标是让员工能够做对的事情。在这个环节中，员工将学会如何准确理解领导的命令、如何与领导确认命令准确无误、如何争取到更多的有利资源以使自己更好地完成目标。第二步，分析任务。分析从领导那里领到的任务，确定哪些任务是可以直接执行的，哪些任务需要进行深入的分析，以及完成这些任务需要哪些资源，等等。第三步，制订计划。针对第二步分析任务得出的结果，合理地分配这些资源，将责任落实到个人。制定与每个节点相对应的目标是这一步的关键。第四步，实施推进。在评判员工执行力好坏的时候，我们不仅要看其有没有第一时间去做，还要看其有没有找到正确的方法，以及是否制订了严谨的计划。如何跟进和检查计划的执行情况，在出现突发情况的时候如何处理是这一步的重点。第五步，呈现结果。在这个环节中，员工如何总结成果？如何形成文档或案例？如何将成果汇报给领导？在每次结果汇报之后，领导会根据员工的能力及完成任务的结果，调整员工的任务目标或为员工指派新的任务，这时就开始了新一轮的执行循环。员工实际上是按照领导的意图去执行任务的，也就是说，员工的执行过程和结果是由领导来指挥和评估的。在执行过程中，反馈是一个至关重要的环节，只有在每一步及时而准确地反馈，才能使执行的结果和领导的期望保持一致。

以上这些经验如果以结构示意图的形式来展示，那么学员就能够更好地理解业务专家给出的经验，也更容易在实际工作中应用这些经验。高效执行“5+1”流程如图 4-15 所示。

图 4-15 高效执行“5+1”流程

内在关联图示

接下来，让我们来看一下常用的内在关联图示，内在关联图示包含并列关系、重叠关系和包含关系三种逻辑关系的图示。

并列关系图示

常用的并列关系图示，如图 4-16 所示。

图 4-16 并列关系图示

重叠关系图示

常用的重叠关系图示，如图 4-17 所示。

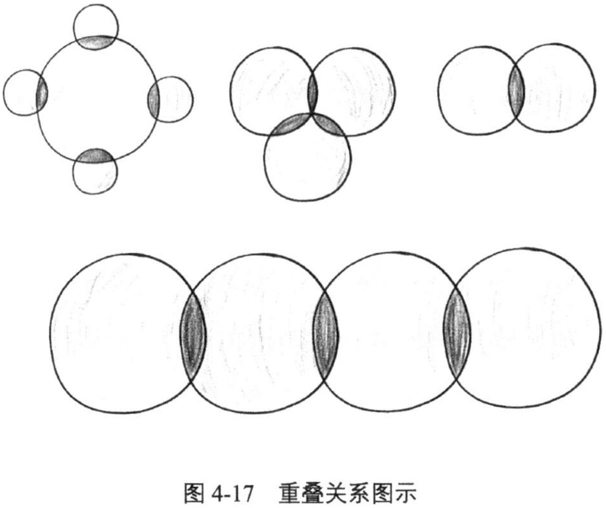

图 4-17 重叠关系图示

包含关系图示

常用的包含关系图示，如图 4-18 所示。

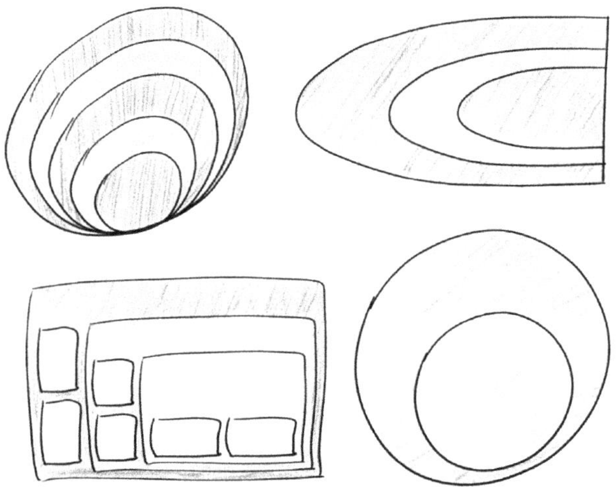

图 4-18　包含关系图示

下面，我们来看一个用内在关联图示来展现经验结构的案例。

【案例 4-11】如何识别客户的购买信号

能否让客户交付定金是房地产企业的销售人员确定客户是否有购买意向的关键。如果过早的要求客户交付定金，则会引起客户的反感。但是，如果不能及时请求客户交付定金，客户很可能与其他销售人员达成交易，这会让某些销售人员之前的努力付之东流。因此，准确识别客户的购买信号，并及时要求客户交付定金就成了考核一个销售人员关键能力的标准。通过对业务专家经验的萃取我们发现，优秀的销售人员会从三个维度来识别客户的购买信号。第一维度是表情信号，客户在产生购买意向时，会传递以下表情信号：双眉从打开变得紧缩，嘴巴开始抿住，呈现沉思状或态度突然变得热情。第二维度是语言信号，如客户开始询问学区信息、周边配套设施、价格优惠和后续手续等细节问题。第三维度是行为信号，客户开始对销售人员的介绍频频点头，身体前倾幅度增加，用手不断地接触订单，反复看样板间，同时久久不愿离开等。如图 4-19 所示，当销售人员收到以上信号时，要及时抓住时机，请客户交付定金。

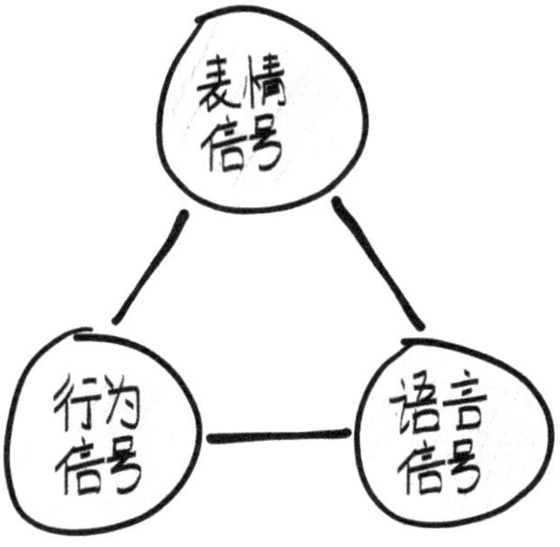

图 4-19　如何识别客户的购买信号

相互作用图示

最后，让我们来看一下常用的相互作用图示。相互作用图示包含合力关系、平衡关系和分割关系三种逻辑关系的图示。

合力关系图示

常用的合力关系图示，如图 4-20 所示。

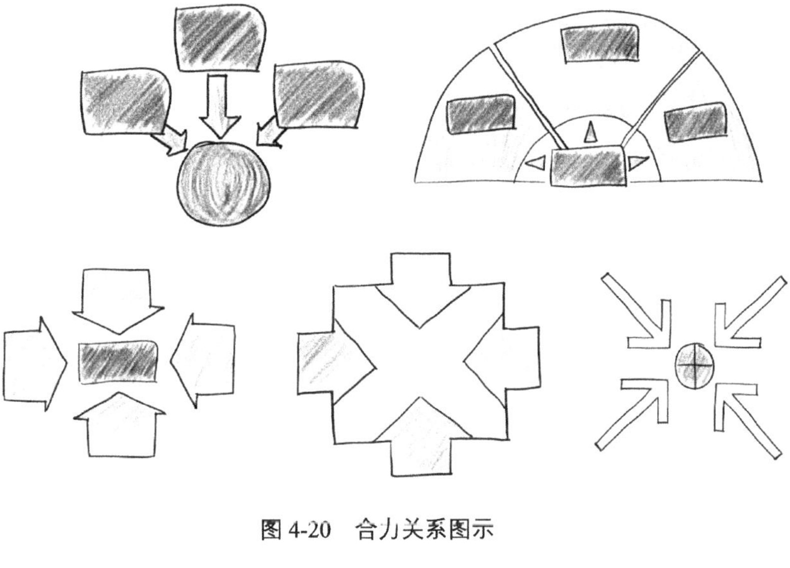

图 4-20　合力关系图示

平衡关系图示

常用的平衡关系图示，如图 4-21 所示。

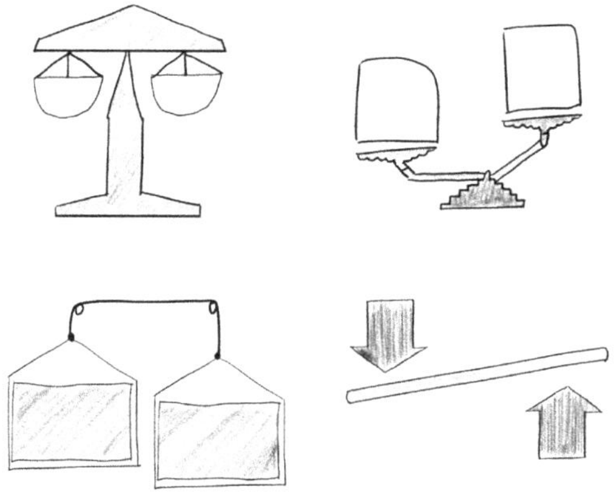

图 4-21　平衡关系图示

分割关系图示

常用的分割关系图示，如图 4-22 所示。

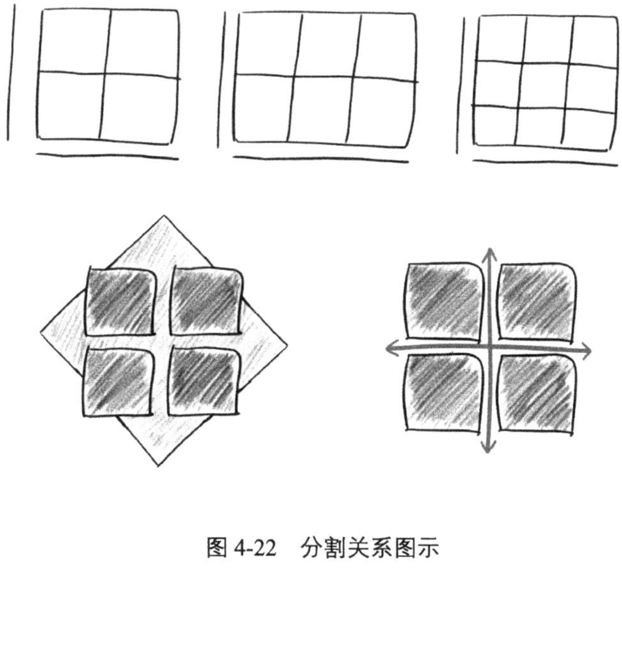

图 4-22　分割关系图示

下面，我们来看一个用相互作用图示来展现经验结构的案例。

【案例 4-12】如何判断中小型企业的经营情况

银行客户经理是连接银行与客户之间的桥梁,他们的核心工作是挖掘客户需求和满足客户要求，同时也是风险把控的第一道关卡，是防止企业（本案例中的企业指中小型企业）经营风险波及银行的第一道屏障。因此，在挖掘客户需求的同时，保障银行资产的安全是客户经理工作的重中之重。如何才能快速识别优质企业,如何才能快速识别企业的经营风险？客户经理仅通过一张财务报表就能识别企业的经营风险吗？答案显然是否定的。为什么呢？因为企业的财务制度普遍不健全，很多企业的财务报表是未经审计的、参考价值较低的，因此财务报表数据并不能如实地反映企业的实际经营情况。另外，银行和企业的信息不对称，企业在向客户经理汇报财务情况时，一般只会报喜不报忧。那么，客户经理如何才能了解企业的实际经营情况呢?

通过萃取业务专家的经验，我们得到了如下经验，即通过“三品”“三表”“三流”来综合判断企业的经营情况。

“三品”是指人品、产品、押品。(1)人品。通过相关工具查询并了解借款人的信用状况。通过访谈上下游企业、同业、内部员工、当地政府等了解借款人的人品。(2)产品。通过了解企业近三年每年的实际产品产量，以及当年前几个月的实际产品产量，分析其产品产量是增加了还是减少了，判断其发展趋势；还可以通过与同业产品对比，看其产品是否在同业中处于领先水平。(3)押品。通过线上线下房屋中介、政府招拍挂网站等了解当地担保品价格情况及变现能力，并与本行认可的评估机构出具的评估报告相印证。

“三表”是指水表、电表、纳税申请表或海关报表。(1)水表。通过水表的走势印证与企业经营周期是否相符。(2)电表。将企业一个年度或当年一段时间的用电量与上一年度同期的用电量进行对比，以判断企业的经营态势。(3)纳税申报表或海关报表。通过核查纳税申报表或海关报表，核实企业的实际销售收入。

“三流”是指人流、物流、现金流。(1)人流。通过人流判断企业的生意兴旺程度。(2)物流。通过物流了解企业的购销流程是否畅通。(3)现金流。通过现金流了解企业贷款的用途，判断企业贷款金额的合理性和偿还银行贷款的能力。

通过与业务专家的确认我们发现，以上三个方面的经验要点之间属于合力关系，如图 4-23 所示。三个方面的经验要点之间可以独立应用，也可以相互配合，最终对企业的经营状况做出准确判断。

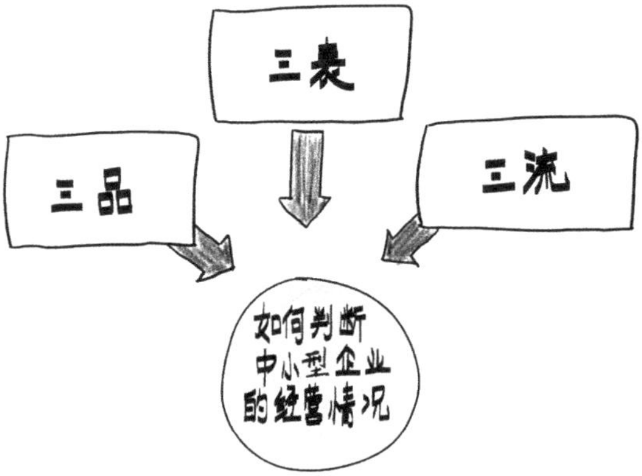

图 4-23　如何判断中小型企业的经营情况

派包装：形象生动促记忆

认知心理学研究表明，大脑的短时记忆能力是有限的，短时间内给予它太多信息，它是“记不住”的。“神奇的数字 7±2：我们信息加工能力的局限”是美国认知心理学家乔治·米勒的一篇重要论文，该论文于 1956 年发表在《心理学评论》杂志上。1956 年，米勒对大脑的短时记忆能力进行了定量研究，他认为年轻人的记忆广度大约为七个单位(阿拉伯数字、字母、单词或其他单位),并把它称为组块。加拿大的两位心理学家克雷克和洛克哈特认为,关键不是信息复述时间的长短,而是信息加工的深度,这就是加工深度理论。该理论认为,只有在用有深度、有意义的方式对材料进行复述时,复述才能促进记忆,被动的复述无益于记忆。也就是说,越有意义的内容越容易被学员记住,同时在需要使用的时候越容易被快速提取。在“派包装,形象生动促记忆”这个环节,我们需要做的是让业务专家的经验更形象、更生动,这样的经验更有助于学员记忆,也更容易被快速传播。

常用的包装方式有五种,它们分别是英文组合、数字连读、穿针引线、谐音连接和形象类比。

方式1:英文组合

英文组合是指用英文单词中的字母组成容易记忆的缩写,最常使用的是英文单词的首字母。比如,肯德基在全球范围内推广的“CHAMPS”冠军计划就是为了给顾客提供一个标准、稳定和可靠的服务。“CHAMPS”(C:Cleanliness,美观整洁的环节;H:Hospitality,真诚友善的接待;A:Accuracy,确保准确无误的供餐;M:Maintenance,优良的设备;P:Product Quality,高质稳定的产品；S：Speed，快速迅捷的服务。）冠军计划的名称就是由体现肯德基服务目标的每一个英文单词的首字母组成的，这个组合名称既突出了服务的目标又能够使人快速记住，这是一个成功的典型案例。我们所熟悉的很多工具方法，都是以英文缩写的形式表示的。比如，用于考核员工绩效的 SMART 原则，用于质量管理的 PDCA 循环，4C 营销理论和 4P 营销理论，教练技术中的 GROW 模型，还有笔者设计的 FAST 高效课程开发模型，等等。

在销售过程中，销售人员会通过提问的方式来了解客户的需求，经验丰富的销售人员会向客户提出以下五类问题。（1）工作相关。比如，您从事哪个行业的工作？您是否经常出差？（2）购买用途。比如，您是自己使用还是赠送朋友？（3）生活习惯。比如，您喜欢用大屏手机还是小屏手机？（4）兴趣点。您经常使用的手机功能具体包含哪些方面？（5）已有经验。比如，您有没有看好的型号？为了让销售人员熟记这五类问题，我们可以采用英文组合的方式：（1）工作相关，Job；（2）购买用途，Use；（3）生活习惯，Life；（4）兴趣点，Interest；（5）已有经验，Experience。我们将这五个英文单词的首字母组合起来，就形成了一个容易记忆的英文组合“JULIE”。

方式 2：数字连读

数字连读是指用数字一、二、三、四、五等数字结合经验中的关键要点进行连读，让经验更顺口，也更容易被传播记忆。比如，我们如何判断一碗兰州牛肉拉面是否正宗呢？作为资深的美食爱好者，一定要记住它的五个特点，即“一清”“二白”“三红”“四绿”“五黄”。“一清”指牛肉汤清；“二白”指萝卜片白；“三红”指辣椒油红；“四绿”指蒜苗、香菜翠绿；“五黄”指加了蓬灰的面条会呈现淡黄色。这种方式能够帮助我们熟记一碗正宗兰州牛肉拉面的五个特点，而且这五个特点被认为是兰州牛肉拉面的品牌标识。

比如，在装箱发货的过程中，负责装箱发货的员工由于对产品基础信息及标准化作业文件的理解不够透彻，导致产品划伤、断裂、变形、破损、装错等问题频繁出现，为了避免这样的问题频繁发生，提高装箱发货的质量，使员工有章法、有条理地进行标准化装箱发货作业，避免对产品的破坏，我们对业务专家的经验进行了萃取，形成了以下方法：一个牢记（牢记规程），两个合理（选用合理、摆放合理），三个不要（不要磕碰、不要外露、不要接触），四个避免（避免混箱、避免乱放、避免多发、避免漏发）和五个分清（分清轻重、分清大小、分清软硬、分清高低、分清多少）。

方式 3：穿针引线

穿针引线是指在派包装的过程中，可以通过穿“字头”、“字中”和“字尾”来突出关键要点，实现助力记忆的作用。比如，对于金庸的著作，我想大家都不陌生，很多人甚至能够对其作品名如数家珍，这是为什么呢？因为金庸将自己作品名的第一个字串了起来，写成了一副对联：“飞雪连天射白鹿，笑书神侠倚碧鸳。”这副对联中的每个字对应的作品名分别是《飞狐外传》《雪山飞狐》《连城诀》《天龙八部》《射雕英雄传》《白马啸西风》《鹿鼎记》《笑傲江湖》《书剑恩仇录》《神雕侠侣》《侠客行》《倚天屠龙记》《碧血剑》《鸳鸯刀》。通过这副对联，我们快速记住了金庸的 14 部作品。但当我们谈起与金庸同时代的古龙、梁羽生、温瑞安等名家时，一下说出他们的 14 部作品名就有一些难度了。这就是“穿针引线”的作用。

比如，有一次，我在讲授萃取经验的课程时，企业提出了这样一个主题——员工如何办理出国手续。通过对人力资源、业务专家的经验萃取，我用一句话就可以把申请办理出国手续的全流程描述得清清楚楚，即“有约在先”。有：有需求、有假期、有表格；约：约综管、约领导、约审批；在：在申请、在模板、在证照；先：先返岗、先销假、先交证。

方式 4：谐音连接

谐音连接是指提取经验中的关键要点，利用谐音的方式进行连接，从而帮助学员进行更好的记忆。有一次，我去朋友家做客，一起出门吃饭的时候，我听到他嘴里嘀咕着什么，就好奇地问他在说什么，他随口说："伸手要钱。"听后我跟他说，这顿饭我请了。朋友赶忙解释不是这个意思，原来是他出门总忘记带钥匙和手机。有几次他在门口等到很晚，家人才回来帮他开门。后来他总结了一句口诀，那就是"伸手要钱"，意思是说自己出门时要带好四样东西，即身份证、手机、钥匙、钱包。这个生活中的例子让我们看清了一个事实：即使是自己很熟悉的东西，但如果没有一个好的记忆方法，也会很容易忘记。

比如，在某机器人制造企业，负责装配的员工在装配过程中，由于不善于总结经验，导致各种质量问题时有发生，进而导致生产成本不断攀升。大部分企业都希望好的经验能够得到分享与传承，于是质量管理小组的模式在企业中被广泛推广。通过对业务专家经验的萃取，我们知道了建立质量小组、推动质量改善的三个步骤：（1）打一套"组合权"（组建团队、合力划策、权衡目标）；（2）学一套"数理化"（数据收集、理性分析、化繁为简）；（3）创一套"三自经"（三榜定案、自我超越、经验传承）。

方式 5：形象类比

学习的过程是一个将外部的知识（自己不懂的）与已经掌握的内容建立连接的过程。要想真正学会外部的知识和经验，就必须将其进行编码，与自己既有的知识和经验建立关联。在生活中，当你对他人所说的事情不理解时，你可以让对方举一个例子或进行一个比喻来帮助你理解。形象类比就是运用生活中的事物和情境来帮助学员理解业务专家经验的一种有效方式。

比如，银行的客户经理在面对信用卡数据系统导出的信息时，经常会遇到以下问题：面对大量客户数据不知如何下手，从哪里开始营销，以及如何深入营销。通过对业务专家经验的萃取，我们得到了以下方法：准备数据；筛选数据；确立目标；挖掘潜力。为了使学员能够快速理解和学习，业务专家将整个过程类比为捕鱼的过程。准备数据就是备好网，做好基本的准备工作。筛选数据就是撒密网，设置客户筛选条件，快速找到符合条件的客户。确立目标就是“捞大鱼”，先将符合信用卡分期条件，并有充足意愿的“大鱼”捞出。挖掘潜力就是“捕小鱼”，毕竟“大鱼”的数量有限，捞完“大鱼”后开始捕捞符合条件但意愿度不高的“小鱼”。如图 4-24 所示，通过这四个步骤能够快速提高学员识别信用卡分期目标客户的能力。

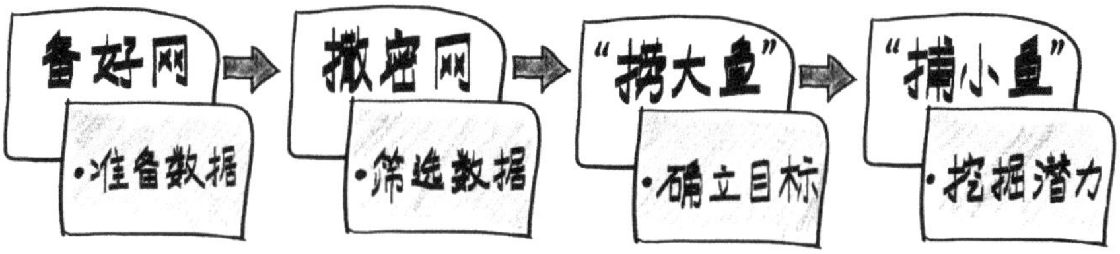

图 4-24　四步营销信用卡分期客户

本章回顾

下面是针对本章内容的要点回顾，请选出正确的答案。

1. 单向流程是指萃取出的经验要点之间是清晰的时间顺序关系，同时这个关系只具有单向流动的特性。（正确/错误）

2. 复杂流程是指萃取出的经验要点之间是基本的单向线性流程关系，同时又在某一个或某几个环节中包含其他的逻辑关系的组合。（正确/错误）

3. 循环流程是指萃取出的经验要点之间是流程关系，同时这个流程的首尾相连形成了闭环。也就是说，流程中的最后一步和第一步没有任何关系。（正确/错误）

4. 并列关系是指萃取出的经验要点内容不分前后，彼此之间是平等并列的逻辑关系。有时，我们在并列关系中会依据经验要点内容的重要程度进行简

单的排序，但是这种排序仅代表哪一部分经验要点内容更重要。（正确/错误）

5. 重叠关系也是经常使用的一种逻辑关系。它体现了经验要点内容中的逻辑交叉，也体现了经验内容之间的彼此协作。（正确/错误）

6. 包含关系是指两个或两个以上的经验内容要点之间是一种由外而内的覆盖关系，或者是一种由内而外的发展关系。这些经验内容要点之间可能存在交集，也可能没有交集。（正确/错误）

7. 合力关系是指萃取出的经验要点之间是一种彼此独立的逻辑关系。（正确/错误）

8. 平衡关系是指萃取出的经验要点之间是一种内在对等的关系，是一种既要做好 A 面，也要做好 B 面，失去哪一面都会失去内在平衡的关系。（正确/错误）

9. 分割关系是从两个维度对同一事物进行深入分析的一种逻辑关系。（正确/错误）

10. 常用的包装方式有英文组合、数字连读、________、谐音连接、形象类比。（穿针引线/形象连接）

参考答案

1. 正确

2. 正确

3. 错误

4. 正确

5. 正确

6. 正确

7. 错误

8. 正确

9. 正确

10. 穿针引线

第五章

Transfer 传承落地，推广经验普及化

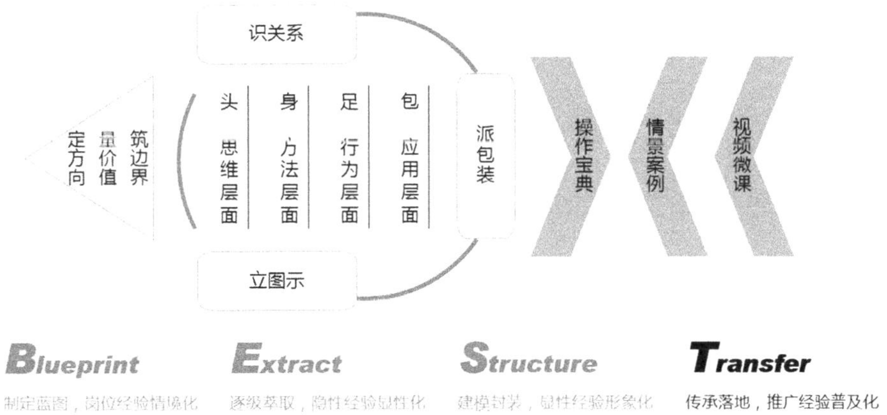

BEST 高能经验萃取“鱼”模型

【本章导图】

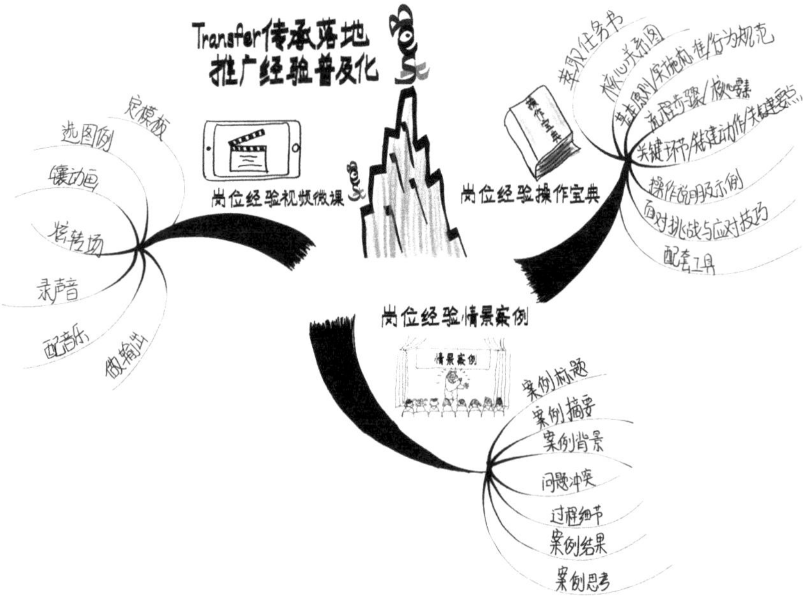

经验萃取的重点是赋能，就是将萃取出的业务专家经验赋能于学员，让他们能够运用这些经验，提升工作能力，达成绩效目标。接下来，我们进入第四步“Transfer 传承落地，推广经验普及化”。

传承经验萃取的成果的方式主要有三种。第一种，岗位经验操作宝典。这种方式是将岗位经验进行流程化和系统化的输出，形成可复制和可传承的岗位操作手册，以使员工掌握经验的要点。第二种，岗位经验情景案例。这种方式是将萃取出的业务专家经验还原到工作情境之中，以便让员工在掌握岗位经验操作宝典的基础上，更好地理解此经验所应用的真实情境。第三种，岗位经验视频微课。这种方式是将操作宝典和情景案例制作成视频微课，借助视频和微课两种媒介，使业务专家经验能够得到更广泛的传播和传承。当然，经验传承的方式不止以上三种，企业可以根据实际情况，采用更符合员工需求的方式。

传承方式一：岗位经验操作宝典

认知心理学家菲茨和波斯纳认为技能习得与发展包括三个典型阶段，它们分别是认知阶段、关联阶段和自主阶段。

技能习得的第一个阶段是认知阶段。学员对技能进行陈述性编码，也就是说，他们需要记住一系列与技能有关的事实，这些事实基本上定义了执行任务的关键。比如，我最初学习手动挡车换挡的时候，需要记住各个挡位的位置，以及离合器与移动挡位的正确顺序。并且，我还需要在操作过程中不断复述这些信息，以免出错。

技能习得的第二个阶段是关联阶段。在第二个阶段主要经历两件事：第一件事是最初的错误理解会被逐渐发现和改正，因此我逐渐掌握了挂一挡、松离合器和踩油门的协同动作，以免启动时发动机熄火；第二件事是成功操作所需要的各种要素之间的联系被强化，因此，我再也不需要停顿几秒来回忆如何从一挡换到二挡了。一般来讲，关联阶段得到的结果是一个成功执行技能的程序。当这个阶段结束时，知识的程序性表征并不能够完全代替陈述性表征。有时候，这两种形态的知识是可以并存的。

技能习得的第三个阶段是自主阶段。在这个阶段，整个过程变得越来越自动化和迅速。我们可以不假思索、自然而然地完成整个操作，并且很少出现错误。比如，我开车会变得越来越熟练，甚至可以边开车边谈话，并能够自如应对驾驶过程中的一些突发状况。

岗位经验操作宝典（见表 5-1）是助力学员稳步度过第一阶段和第二阶段的“法宝”，也是帮助学员快速理解和掌握业务专家经验的关键。其中，流程步骤/核心要素、关键环节/关键动作/关键要点、操作说明及示例，助力学员第一个阶段——认知阶段的成长。另外，面对挑战与应对技巧、配套工具两个部分，助力学员第二个阶段——关联阶段的成长。对于第三个阶段——自主阶段，学员需要在工作实践中，通过不断应用和练习来深入掌握这个阶段的要点。

表 5-1　岗位经验操作宝典

<table>
<tr><th colspan="4">岗位经验操作宝典</th></tr>
<tr><td>任务名称</td><td></td><td>受众对象</td><td></td></tr>
<tr><td>输入条件</td><td></td><td>输出结果</td><td></td></tr>
<tr><td>业务专家</td><td></td><td>萃取时间</td><td></td></tr>
<tr><td colspan="4">核心关系图</td></tr>
<tr><td colspan="4"></td></tr>
<tr><td colspan="4">基本原则/实施标准/行为规范</td></tr>
<tr><td colspan="4"></td></tr>
<tr><td>流程步骤/
核心要素</td><td>关键环节/
关键动作/关键要点</td><td>操作说明及示例</td><td>面对挑战与应对技巧</td></tr>
<tr><td></td><td></td><td></td><td></td></tr>
<tr><td></td><td></td><td></td><td></td></tr>
<tr><td></td><td></td><td></td><td></td></tr>
<tr><td></td><td></td><td></td><td></td></tr>
<tr><td></td><td></td><td></td><td></td></tr>
<tr><td colspan="4">配套工具：</td></tr>
<tr><td colspan="4">考查评分表</td></tr>
</table>

下面，我们来看一个岗位经验操作宝典的成功案例。

【案例 5-1】如何完善招标入围单位资源库

房地产企业在项目开发实施过程中，经常遇到项目周期短、施工质量要求高等问题。对于项目管理人员来讲，完善招标入围单位资源库，保证按时、按质完成项目,保障资源的及时供给是非常重要的。经过对业务专家经验的萃取，我们输出了岗位经验操作宝典，如表 5-2 所示。

表 5-2　如何完善招标入围单位资源库

岗位经验操作宝典			
任务名称	如何完善招标入围单位资源库	受众对象	公司合约部员工
输入条件	1.了解招标入围单位的条件 2.熟悉入围单位需要提供的资料 3.熟悉单位入围的基本流程 4.有招标履约评价工作方面的经验	输出结果	各分项工程入围单位数量增加 20%
业务专家	（略）	萃取时间	（略）
核心关系图			

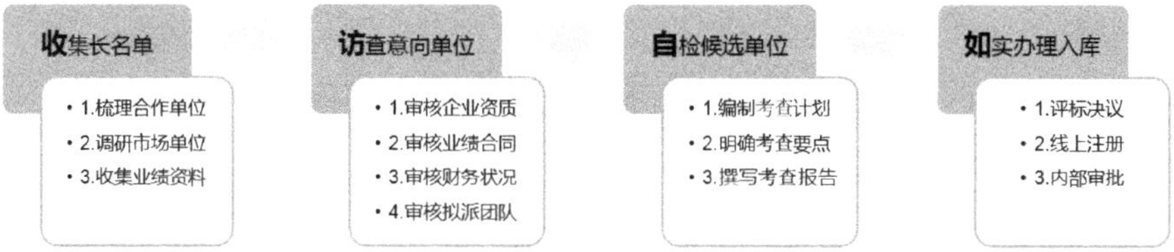

续表

岗位经验操作宝典			
核心原则			
1. 市场调研充分 2. 评估筛选严格 3. 入库评定合理			
流程步骤	关键环节	操作说明及示例	面对挑战与应对技巧
第一步：收集长名单	1.梳理合作单位	通过履约评价进行初步梳理。比如，依据年度、季度供应商评价得分，从供应商的评价等级为A、B、C的单位中，筛选出候选单位	Q1：供应商评级为 D、E级，能否作为候选单位 A1：不能作为候选单位 Q2：行业协会或分管部门推荐单位，是否可以直接作为候选单位 A2：否，候选单位必须有类似业绩 Q3：什么是长名单 A3：长名单指的是符合初步招标条件的资源库
	2.调研市场单位	通过行业协会网站（如消防行业协会网站等）寻找市场潜在合作单位。比如，梳理 Top 20 地产合作分包商名录，从中找到有类似项目业绩的单位，将其作为候选单位	
	3.收集业绩资料	收集并复核候选单位的业绩资料。比如，请候选单位提供业绩合同原件或复印件，同时向原业主方收集业绩信息，包括位置、规模、建设时间等信息	
第二步：访查意向单位	1.审核企业资质	通过企业查询软件查询单位资质及对应的注册信息，如法人、注册资本、股东、企业征信、法律风险等内容	Q4：是否有指定的企业查询软件

续表

岗位经验操作宝典			
第二步：访查意向单位	2.审核业绩合同	通过候选单位提供的业绩合同，确认业绩匹配度，从面积、建筑形式、高度等方面确认与招标项目的相似程度。比如，制作业绩对比表格（将我公司招标项目与候选单位提供的业绩进行对比），分析对比匹配度	A4：没有。只要使用信用等级较高的企业查询软件即可 Q5：业绩中无类似业绩，是否不能候选 A5：否。如果参选单位操作规模或难度大于招标项目的经验，可视作具备资格 Q6：面试拟派团队如中标，后期可否调整 A6：不支持中标后的人员调整，如因不可控情况导致调整的，可申请重新面试，面试合格后方可更换
	3.审核财务状况	通过近三年的财务报表，审核候选单位的财务状况，出具具有资质的会计事务所提供的无财务风险审计报告，以证明候选单位的财务履约能力	
	4.审核拟派团队	通过面试拟派团队，审核拟派团队的实力及项目主要管理人员的项目经历；选出经历较为突出，临场表现符合岗位职责要求，能胜任对应职位的人员，可依据考查评分表进行判定。	
第三步：自检候选单位	1.编制考查计划	编制考查计划表，明确考查目的及开始时间、完成时间、行程安排、交通方式等内容	Q7：考查过程中能否让候选单位负责安排车辆、餐饮等事项 A7：尽量安排我公司车辆，严禁考查时接受候选单位的宴请或其他形式的餐饮安排
	2.明确考查要点	明确考查要点。比如，公司办公环境、人员架构、在建工程情况、现场管控制度、合作单位评价等。通过办公环境，考查候选单位的规模；通过人员架构，考查候选单位的组织模式；通过在建工程情况，考查候选单位的市	

续表

岗位经验操作宝典			
第三步：自检候选单位	2.明确考查要点	场占有率及认可度；通过现场管控制度及合作单位评价，考查候选单位的现场管控能力及服务意识（工具：考查评分表）	Q8：考查要点是否有固定模板 A8：有，但需要根据不同类型的单位编制，在基本因素不变的情况下突出本工程特点
	3.撰写考查报告	通过考查小组成员表决情况，确定考查单位是否合格，撰写考查报告，为评标委员会做好汇报准备工作	
第四步：如实办理入库	1.评标决议	根据考查报告给出结论，确保数据准确，具有可评判性，组织评标会，进行决议。根据招标项目的招标类目，决定评标会是否需要邀请大区通过视频会议参加。比如，总包、园林、钢结构、幕墙、消防、精装修的招标需与大区进行视频定标会	Q9：公司网站注册的主责人是 IT 人员吗？ A9：否，投标单位自行注册，有疑问可联系网站技术支持人员，联系方式见网站下方 Q10：ERP 申办流程超过项目时限怎么办？ A10：提前做好线下沟通，节省线上审批时间；敦促当前审批人员
	2.线上注册	在公司内部网站进行注册，确认单位信息。按照网站提示，上传对应资料的附件，如营业执照、资质证书、业绩合同扫描件等	
	3.内部审批	在 ERP 系统中审批，完成入围单位入库。在 2 个工作日内，关注审批流程内的所有人员签批进度，督促其完成，提高审批效率	
配套工具：			
考查评分表（略）			

传承方式二：岗位经验情景案例

哈佛商学院于1921年正式采用案例教学法，案例教学法的应用历史已有近百年之久。1994年，案例教学法正式从西方传入中国，一开始这种教学法只是用于企业高层管理人员的培训，但随着案例教学在中国的不断推进和发展，目前案例教学法的应用领域也越发广泛了。在萃取经验时，我们常常以案例的方式来传播经验，这主要是由于学员在学习新知识时，一个好的案例能够将他们带入预设的情景中，让他们对经验产生更浓厚的兴趣，从而让他们更深刻地体验业务专家应用经验的情景。

创设与经验相关的情景，通过案例传播业务专家经验，这符合人类的学习特点。建构主义学习理论认为，学习是一种真实情景的体验，学习发生的最佳情景不应是抽象的。相反，只有贴近生活的情景才能使学习变得更为有效。教育心理学家加涅认为，人类的学习是复杂多样的，是有层次性的，总是由简单的低级学习向复杂的高级学习发展；学习任何一种新的知识技能，都是以已经习得的、从属于它们的知识技能为基础的。创设案例情景是为了帮助学员复习以往的知识，减少学员在学习新知识过程中所面临的困难。案例是创设学习情景的一种重要形式，是人们在生活及工作当中所经历的、典型的、富有多种意义的故事陈述，是对人们所经历故事的有意截取。

简单地说，一个岗位经验情景案例就是对一个实际情景的描述，在这个情景中，可能包含一个或多个冲突或问题，也可能包含解决这些冲突或问题的方法。学员在情景中学到的经验，更容易应用于真实情景。同时，岗位经验情景案例还会给学员提供足够的思考空间，让他们自己获得经验，从而使其举一反三。一个完整的岗位经验情景案例需要具备一些案例素材，如表 5-3 所示。

表 5-3 案例素材构思表

案例标题：标题要有吸引力并能反应内容实质	
案例摘要：通过一段话概括案例的主要内容，从而起到提纲挈领的作用	
案例正文：	
案例背景 Situation	交代清楚事件发生的时间、地点、涉及的人物及原因等，与事件发生具有特别关联的背景因素要着重说明
问题冲突 Problem	好的案例一定是把学员带到某种问题或冲突中，缺少问题或冲突的平铺直叙式的方式不会对学员旧有的信念系统造成冲突，这些问题或冲突包括达成任务时的挑战或难度、面对问题时的心理特征等
过程细节 Option	介绍案例当事人采取的主要步骤和行动细节，并分析其这样做的原因。比如，第一步行动及细节，第二步行动及细节，第三步行动及细节……
事件结果 Result	案例当事人所达成的结果，采取行动后的直接结果是什么，带来的后续影响是什么，等等
案例思考 Think	针对案例中出现的问题，做出专业的分析和解读，并给出系统的总结和指导

案例标题

标题是对案例内容和主题的概括与总结。一个好的标题能够起到画龙点睛的作用，能够引起学员的阅读兴趣，能够直接反映出所分享案例的主旨和内容。

从形式上来说，标题有单标题和双标题两类。单标题一般用一句话或一个短语来表达一种理念，进行一个判断，体现一种策略，说明一个道理，提出一个问题。双标题包含主标题和副标题两个部分，副标题是对主标题内容的完善和补充。

从内容上来说，标题一般分为三类，它们分别是任务名称类标题、观点评价类标题和比喻修辞类标题，如表 5-4 所示。

表 5-4　案例标题分类及示例

任务名称类标题	如何与修理厂协商水淹车控赔 如何保证施工中钢筋的正常供应
观点评价类标题	赢在终端——三步打好销售终端保卫战 标准服务——打造品质物业
比喻修辞类标题	一“促”而就——五招制定男装节假日促销方案 “菜鸟”捕鱼记——四步营销信用卡分期客户

任务名称类标题。这类标题一般和经验的名称保持一致，突出的是案例中

的问题和冲突，让学员直观地感受到案例中的主要矛盾，从而提高学员的阅读兴趣。

观点评价类标题。标题中要包括所举案例传达出的核心观点，以此来突出案例的核心价值，让学员在阅读案例之初就知道案例写作者想要表达的观点及所持有的态度。

比喻修辞类标题。标题不仅要体现案例的核心价值，而且要对其进行关联类比，让学员更深刻地认知和理解案例的内容。

案例摘要

摘要是建立在对案例进行总结的基础之上的，用简单、明确、易懂、精辟的语言对全文内容加以概括，提取案例的主要信息。

摘要是对 SPOR 四类核心要素的简要描述：第一类是案例背景摘要（Situation），其中包含时间（When）、地点（Where）、人物（Who）、事件（What）；第二类是问题冲突摘要（Problem），是指在案例中体现的那些核心的冲突或问题；第三类是过程细节摘要（Option），是指在案例中采取的应对措施和方法对策；第四类是案例结果摘要（Result），是指案例最终产生了什么结果，可以是成功的结果，也可以是失败的结果。

摘要的一般格式：____________（时间），____________（地点），____________（谁），发生了____________（什么事件），遇到了____________（什么问题点），采取了____________（哪些基本措施），产生____________（什么结果）。

【案例 5-2】如何确定进出口企业融资方案

近期，某支行网点客户经理小姜在对辖区内某网点存量客户挖掘的过程中，发现某电缆制造企业在该行结算量较大，但该行未对其配套贸易融资产品，与客户的合作不够深入。首先，小姜通过查询企业的基本信息和上门了解其业务情况，同时了解客户的业务需求点；接着，小姜确定了全面的融资方案，用专业的语言介绍各个业务环节中的融资产品，激发客户的兴趣；最后，小姜针对客户提出的方案要求，研究管理办法，向专业人士寻求意见，控制业务风险点，最终将融资方案落地执行。

一般情况下，只有复杂案例才需要写案例摘要，简单案例可以不写案例摘要。案例是否复杂主要看案例的冲突数量，1～2 个冲突的案例属于简单案例。

案例正文

岗位经验情景案例不同，案例格式也会有所不同，这种不同体现在两个方面。一方面是经验的复杂程度。经验是否复杂取决于经验的“身：方法层面”和“足：行为层面”。对于简单经验，我们采用的是剧情引导式案例格式；对于复杂经验，我们采用的是方法嵌入式案例格式。另一方面是经验的类型不同。思维类经验的案例和人际类经验的案例撰写方式是不同的，思维类经验的案例使用描述性语言比较合适，人际类经验的案例使用对话形式更适合。

剧情引导式案例

对于剧情引导式案例，首先通过案例背景的介绍，展现案例的核心冲突，然后针对核心冲突展开描述核心冲突的处理细节，最后针对案例给出的经验进行总结。这类案例主要突出的是冲突处理的过程细节，并未在案例中对解决方法进行深入剖析。这种案例格式运用简单的事实创造情景，使用引人入胜的简捷手法，通过“先叙后议”的方式，或勾勒形象，或摆出事实，以引起学员的兴趣和注意，从而把学员引到经验学习的轨道上。

【案例 5-3】如何解决因插队问题引起的客户投诉

案例背景

一天下午，客户李先生到某银行网点办理一笔 1500 元的快速汇款业务。李先生取号后在大堂等候，当时办理金卡业务的客户较多，贵宾理财室也出现了排队现象，大堂经理正在对客户进行有序疏导。突然，一位贵宾客户从门外冲进来，当他看到贵宾理财室的排队情况时立马皱起了眉头。大堂经理迎上去询问，得知该客户需要办理一笔转账业务，但由于要赶飞机，因此没时间等候。大堂经理观察到办理储蓄现金业务的普通客户不太多，便和储蓄员打了招呼让其暂停叫号，然后将该贵宾客户引导至储蓄窗口，让其优先办理了转账业务。这种处理方式引起了正在大堂等候叫号的李先生的强烈不满，他认为大堂经理没有给等候叫号的客户以充分的解释，擅自帮客户插队办理业务。大堂经理当场进行了道歉和解释，但李先生仍不接受，并认为大堂经理对其有歧视和偏见。

正在双方相持不下时，叫号窗口轮到了李先生，只见他满脸怒气地来到柜台前，将 1500 元现金递进窗口，同时拿了一整本存款凭条开始填写，边填写边不停地往窗口里递送，储蓄员拿起凭条一看，上面写的全是存款“1 元”，于是连忙站起来问李先生需要存款的数额，李先生愤愤地说：“我是小客户，就1元1元地存，总共是1500元，怎么了？不能存吗？”此时已临近下班时间，但在大堂等候的仍有一些客户，李先生占据着一个柜台，一边不停地填单，一边大声发泄着不满，此举一度造成了大堂秩序的混乱。储蓄主管解释和劝说无果，在请其到洽谈室也遭拒的情况下将此情况报告给了分管行长，并向其请示是否可以认定李先生为无理取闹，是否需要报警。

问题冲突

1. 如何防止事态继续扩大。

2. 如何缓解客户的愤怒情绪。

3. 如何得到客户的谅解和认可。

过程细节

分管行长正在外面谈项目，在听取了储蓄主管的报告后，一方面电话要求储蓄主管耐心向客户道歉，稳定客户情绪，不能简单以报警的方式处理，以免扩大影响；另一方面加紧赶回来继续处理，同时在回银行的路上先电话联系柜员，初步了解到李先生为某IT公司的部门经理，为该行潜力客户。回到银行后，分管行长看到李先生仍在大堂生气，周围聚集了不少围观的人，大堂经理和储蓄主管有些束手无策。分管行长直接走到李先生面前，以熟络而热情的语气和李先生打招呼："李经理，您好！正想去公司拜访您呢，见到您太好了，到我办公室谈谈吧！"李先生颇感诧异，没想到分管行长对他竟如此熟悉，众目睽睽之下，他也不好再"赖"着不动了。

在办公室里，分管行长真诚地向李先生致歉，表示将进一步改进服务、加强培训，并请李先生监督。看到李先生随身携带一部笔记本电脑，分管行长随即将该行相关产品如网上银行等向他进行介绍，并告知该笔转账业务实际上是可以通过网上银行办理的，以后无须到网点排队。分管行长当场在自己的电脑上为李先生演示了专业版即时汇款的流程，并带李先生在柜台开通了相关功能，协助他在笔记本电脑上进行了程序安装，即时将1500元汇款业务处理完毕。

案例结果

李先生此时已无怒气并对该行的产品产生了兴趣。在送李先生出门时，分管行长和李先生约定了下次拜访的时间。通过后续的多次跟进和联系，李先生的公司在该行开通了代发业务，同时他本人也很快成为该行的金卡客户。

案例思考

通过以上案例我们可以看到，贵宾客户插队是投诉的焦点。站在普通客户的角度来看，贵宾客户在普通区插队，引起他们的反感是很正常的。这其中有几个处理方式是可圈可点的：（1）领导高度重视，分管行长亲自处理，投诉处理及时，避免了投诉升级；（2）充分准备，分管行长先行了解客户的基本情况，一方面有利于与客户沟通，另一方面让客户感受到了尊重；（3）以真诚的态度打动客户，同时转移客户的注意力，如建议客户采用手机银行或者网上银行等操作方法，有效避免排队的现象；（4）跟进服务，最终让投诉客户成为金卡客户。

在工作中，这样的案例有很多，“与其补救于已然，不如防患于未然”。我建议采用以下三种方法来避免类似情况的发生。方法一：银行的工作人员应多关注客户感受，提前做好解释工作。解释时应注意以下几点：（1）避免透露客户的贵宾客户身份；（2）突出问题的紧急性，尤其要对下一位即将办理业务的客户表示歉意，同时告知其他客户如果面临紧急情况同样可以优先办理，让客户感受到尊重。方法二：“先内后外”，银行应尽量通过内部调整来预防突发问题。在普通区客户不多的情况下，可以调一名普通区储蓄员临时到贵宾区办理该笔业务，同时仍需要做好解释工作。建议银行制定《突发事件应急预案》，以应对在客流高峰期，客户需要提前办理业务的情况；支行可制定相应办法，如设置机动窗口并安排相关人员，处理问题时应遵循“急事急办、特事特办、难事巧办”的原则。方法三：“服务创造价值”，大堂经理在帮客户解决问题时，应积极向其推荐网银专业版或引导其通过自助渠道办理转账汇款，避免再次发生类似的紧急情况。

首先展现案例原貌，然后系统地总结案例中的技巧和方法，这是剧情引导式案例的撰写特点，也是我们在撰写案例时经常采用的一种结构。相比其他案例形式，剧情引导式案例的撰写难度要低一些，因为其主体冲突单一而且过程简单。

方法嵌入式案例

方法嵌入式案例是指，在叙述某一件事的同时，又对这件事进行解决分析。这种方法既能具体地叙述人物和事件，同时又能揭示所写对象处理冲突和问题的过程。在案例中，冲突和细节的关系是这样的：冲突问题是铺陈，过程细节是延展。在方法嵌入式案例中，一般会有多个冲突问题和过程细节，在撰写案例的过程中，我们要能够运用描述性语言完善每个冲突问题的过程细节，将学员带入业务专家解决冲突问题的情景中。

【案例 5-4】“菜鸟”捕鱼记——四步营销信用卡分期客户

内容摘要

3 月底的一天，某银行市东支行个金部员工小李，在营销信用卡客户分期业务时，遇到了面对大量客户数据不知如何筛选和营销的问题。在业务经理老张的指导下，小李不但使网点保住了信用卡客户分期业务第一的排名，还学会了“备好网——撒密网——捞大鱼——捕小鱼”的四步营销秘诀，使他从一名“菜鸟”成长为能够独立“捕鱼”的业务“大拿”！

案例背景

3 月底的一天，某银行市东支行的个金部办公室里异常安静，老张一走进办公室就看见个金部员工小李正对着电脑发愁。市东支行信用卡客户分期业务一直在辖区内排名第一，老张是负责这部分业务的业务经理，因为突出的业绩被选派到总行参加经验交流大会，走之前将工作交接给了刚转岗到个金部 3 个月的小李。没想到这短短一个月，市东支行的信用卡客户分期业务被之前排名第二的市西支行追平。个金部主任在行长面前立下军令状：保住一季度信用卡客户分期业务第一的排名。个金部主任在调度会后要求小李想办法将信用卡客户分期业务的业绩提上去。小李作为新人，平时工作十分努力，但业绩却迟迟上不去。眼看还有不到一周就到季末了，他准备加班加点进行营销。但当他打开信用卡分行客服系统，看到仅仅两个账单日就能导出的500多名客户时，他十分沮丧，不知从哪个开始，也不知剩下的这几天又能成功多少……

问题冲突+过程细节

“备好网”是捕鱼的前提

老张的回归解救了小李，在老张的指导下，小李收起沮丧的心情，鼓足精神准备再战。他首先登录信用卡分行客服系统，然后将最近两个账单日的客户数据导出，并保存为Excel文件。当小李满怀信心地打开Excel文件准备尝试按照老张的指导进行操作时，他却看到客户身份证号码和银行卡号都是一堆科学计数法的乱码，这使他不知所措。老张告诉小李：“导出时要将数据格式设置为文本格式，只有这样才不会出现数据乱码的问题。”老张语重心长地教导小李：“工作无小事，数据表格就好比捕捉客户的渔网，备好网是捕鱼的前提，不能因为操作简单就忽略细节。”

问题冲突+过程细节

“撒密网”要漏水不漏鱼

小李重新导出了表格，打开后准备先剔除部分客户数据。按照老张的指导，需要先剔除黑名单客户，这样就能一目了然地看到有标注涉嫌套现的客户，于是小李首先将他们剔除，接下来如何找出其他的黑名单客户呢？小李再次询问老张，老张很不好意思地表示自己忘了将黑名单客户的数据传给小李。

原来，老张工作多年收集了一些黑名单客户，这些黑名单客户明确拒绝分期业务，他们甚至曾因为各种渠道的分期营销而产生投诉行为。老张也建议小李平日多收集，并单独建立黑名单客户名单，避免引起不必要的麻烦。在将这些黑名单客户剔除后，小李又剔除了因持有多张卡重复出现的客户和根本不可能办理分期业务的客户。按照老张的经验，年龄超过 55 周岁、额度大于 5 万元但消费低于 1 万元、本期消费金额与分期额度对比占比低于 20%的客户往往没有太大的营销价值，他们办理分期业务的概率非常低。在老张看来，筛选客户时要广撒密网，将水漏出去，将鱼留下来，这样才能提升营销效率。

问题冲突+过程细节

“捞大鱼”要快、准、狠

在初步筛选了客户数据后，500 多名客户仅剩下了一半，但这一半全部进行营销的工作量也是很大的。老张随后又指导小李关注高成功率的客户，这些是首要目标客户。老张根据以往的工作经验，判断有分期经历的客户更容易办理分期业务以解决自身资金周转问题，他建议小李把这些客户作为首要目标客户。虽然这些目标客户比例并不高，仅占全部数据文件的 5%左右，部分客户还因为分期额度被占用当月不能办理，但这样一小波营销下来也是收获颇丰，为行内贡献了不少中收（中间业务收入）。

小李经过老张指导后营销成功率提升了许多，之后他按照老张的建议，对近期使用最低还款额还款的客户和突发大额交易的客户进行营销，虽然这些目标客户的数量仅占全部数据文件的10%左右，只花费两天时间就能逐一营销完毕，但是这些目标客户所贡献的分期额可使业绩显著地提升。此时，小李对老张所说的“识别客户就如捕鱼，要先捞大鱼，动作要快、准、狠”极其信服。

问题冲突+过程细节

“捕小鱼”要一个不漏

很快到了3月最后一天，小李在得到个金部主任的表扬后，更有干劲了，但看到月末没有产生新的账单数据时他又有点不知所措了。按照老张所教授的“捕鱼”技巧——备好网是捕鱼的前提，但没有新的数据产生，怎么捕鱼呢？老张听了小李的困惑后，告诉他“捕完大鱼不松懈，面对小鱼不漏空”。这是什么意思呢？老张让小李调出之前几天用过的数据表单，并告诉小李还有一些有意向的客户被遗漏了，“我们要把他们捞起来，你先试试营销28周岁以下、额度为1万元以下的客户，并给出如下优惠活动：近期首次办理分期业务送积分，积分可以兑换星巴克咖啡。”

小李按照老张的指导将信将疑地进行了营销，结果很多年轻人接受了，因为他们认可星巴克咖啡这个品牌。老张又亲自示范了如何营销快到还款日还未全额还款的客户，他们往往有全额还款的压力，但通过老张的介绍，很多客户办理了分期业务。

案例结果

在 3 月份工作结束后，市东支行的信用卡客户分期业务还是稳稳地排在第一名，甚至大大超过第二名。小李得到了个金部主任的表扬，他对老张充满感激。老张的指导不但使网点保住了信用卡客户分期业务第一的排名，还帮助小李学会了如何快速识别信用卡分期业务的目标客户，使他从“菜鸟”成长为能独立“捕鱼”的能手，老张不愧是一个信用卡客户分期业务“大拿”！

案例思考

在此案例中老张将“捕获客户”的诀窍类比为“撒网捕鱼”，并对其进行了深入浅出的形象描述，从而使小李能够迅速运用这些经验并总结提炼出自己的技巧，从一名个金部门的新手快速成长为信用卡客户分期业务的“大拿”。而这些步骤可以通过以下的口诀来快速记忆：第一步，“备好网”准备数据，登系统——导数据——存文件；第二步，“撒密网”筛选数据，剔黑户——剔重复——剔低效——重排序；第三步，“捞大鱼”设立目标，旧分期——低还款——额占满；第四步，“捕小鱼”挖掘潜力，年轻人——观念新——迟还款。

由此可见，这种“夹叙夹议”的嵌入式案例的撰写方式，对于学员来讲，既有情景代入感，又符合“学用结合”的认知规律，是学员非常喜欢的一种案例呈现方式。

人物对话式案例

人物对话式案例是以人物之间的对话为主线来推进案例中的冲突展开和过程发展的。此类案例适用于销售、服务、管理、辅导等以人际交往为主要工作情景的任务。

【案例 5-5】如何处理难缠唠叨客户的投诉

案例背景

5 月 10 日下午 6 点，某保险公司客服人员姗姗（以下简称客服）接到客户王先生的投诉电话。

客服：王先生您好，请问您的车牌号是多少？是被保险人本人吗？

客户：我的车牌号是×××××，我不是你们的客户，你们的客户在 3 月份撞了我的车，听说你们已经结案了，但我至今都没有收到我的理赔款。我要投诉你们！

客服：王先生您好，经系统查询，该案件确实已经结案且理赔款已赔付给被保险人。请问您需要我们为您解决什么问题呢？

客户：你们的客户没有把理赔款给我，我现在也联系不上他，我只能找你们，你们要把我的损失赔偿给我！这件事情已经拖了这么长时间了，你们今天必须给我一个交代！

客户说明投诉事项后，已经过了 5 分钟，情绪非常激动。

问题冲突+过程细节

客服：王先生，您的心情我能理解，如果是我长期没有收到理赔款我也会着急。

客户：我不想听你说这些话，总之，你们的客户撞了我的车，然后就没人管我了，我现在不管那么多，就是要你们把钱赔给我！你不是能理解我的心情吗？我现在非常着急，你们今天必须给我解决这个事情！

客户一直在阐述事件经过……

客户在线时长已经10分钟了，超过了正常通话时间，但客户仍在不停地抱怨……

客服：王先生，您的意思我明白，我们已经受理了您的投诉。投诉处理流程一般需要3天才能完成，但由于您的情况比较特殊，等待的时间也比较长，我们会及时反馈给相关机构，尽快核实情况，尽早为您解决！但是现在是下班时间，可能没有办法及时为您核实解决，您看明天上午我一上班就帮您联系相关机构，尽快为您解决处理，明天一定给您回复，可以吗？

客户：还要等到明天？我等了这么长时间，你还要我等！

客服：王先生，您的顾虑是对的。但是投诉的处理时效不是随意定的，我们处理每一个投诉都需要进行详细核实和判断责任的过程，这个过程是需要一定时间的，只有这样才能保证我们的处理结果是客观公正的。这也是为了最大化提升您的满意度，并对您负责。

客户：你不要和我说这么多，我不是跟你说过了吗，我的要求很简单，就是把我的理赔款给我，你们的车主不管我了，但是你们是保险公司，你们必须要赔我！你们今天必须要给我解决！

客户不依不饶，继续抱怨，这时客户已在线近40分钟了。现在是下班高峰期，如果不尽快解决，只会使客户越来越激动，更重要的是会影响高峰期的接通率。

客服：王先生，您先不要激动，请允许我说两句话，好吗？首先，按规定理赔款是必须打给被保险人的，只有在案件未结案且被保险人同意并授权的情况下才能够直接赔付给第三者，这是为了保障被保险人的利益。理赔款的赔付标志着我们完成了工作，至于您的理赔款，其实是您和车主的纠纷，与我公司没有直接关系，并且我们不是执法机关，无法要求车主把钱给谁或不给谁。您说对吗？所以按理说，您的诉求是不在我们的受理范围内的，但尽管这样，我们考虑到您的实际情况，仍然受理了您的投诉，是想帮助您尽快得到理赔款，这也是在梳理我们的理赔流程，找到可以优化的地方。其次，现在已经是下班时间，相关工作人员已离开办公室，没有办法及时、快速地帮助您核实案件的进展情况，就算是我的领导来处理，他也需要对案件过程有一个详细的了解后才能进行处理。明天一上班，我就把您的问题作为加急投诉发送至相关机构，以便其第一时间收到您的投诉，并加紧处理解决。这也是为了帮您更好地解决问题，如果您一定要现在有个结果，那么处理的过程一定是匆忙的，最后的结果您也不一定满意，您说对吗？您看，现在已经是6点多了，也快到饭点了，您忙了一整天，应该也饿了，需要补充一下能量，补充能量后才能更好地来要理赔款，对吗？

客户：……那你能保证明天肯定会有工作人员跟我联系并解决问题吗？

客服：当然！我叫姗姗，工号116号，我承诺明天上午10点前一定有工作人员联系您并帮助您解决问题。如果超过10点仍然没有工作人员与您联系，您可以直接拨打客服电话与我联系，我会全程帮助您沟通协调处理，您看可以吗？

客户：……那我就相信你一次！

客服：王先生，感谢您的信任！我再将您的投诉事项和诉求简单复述一遍，您看还有没有需要补充的地方。（叙述投诉事项和诉求）

客户：没有了，你记得很清楚，那就麻烦你尽快帮我处理一下！确实太久了！不好意思说了这么长时间，也耽误你吃饭了！

客服：这是我们应该做的！王先生感谢您的来电，再见！

案例结果

通过努力，最终客户选择同意客服人员的处理方案，并对客服人员的服务态度表示了赞赏。

案例思考

通过以上案例我们发现，在处理难缠唠叨客户的投诉过程中，客服人员除了保持耐心的解答和表达同理心，还需要找到切入点，掌握话语权，在处理投诉的过程中尽量使用封闭性问题，不要使用开放性问题。只有这样，才能控制通话时间，掌握节奏。在案例中，客服人员在这一点上做得很好，这也是她最终取得客户谅解并使客户同意其解决方案的关键。

在处理这类投诉时，我建议大家采取以下解决方法。

第一步，感知客户（感）。向客户询问车牌号等保单信息，明确客户的投诉对象，并询问客户需要什么样的解决办法及处理时效。如果客户不是被保险人本人，应先对客户的第三者身份表示接受，将其视同被保险人处理。对于第三者未收到理赔款的情况，应对客户的描述表示肯定，并做好相关记录，同时耐心解释打款流程，争取客户的谅解。当客户无法提供标的客户信息时，对客户无法提供信息表示接受，新建第三者信息，主动帮助客户受理登记。当投诉对象对规则不满时，表示会对每个环节进行逐一核实，对可能出现的问题或对出现问题有影响的责任人进行问责或警示处理。如果客户要求的处理时效超出规则范围，应该对客户要求的时效表示理解，并表示会加急处理，但仍需要解释时效的规定是公司对客户投诉重视程度的体现，是为了更好地解决客户的问题，提升他们的满意度。话术如下："我和您一样，也希望我公司的理赔服务可以让您更满意，提升您的服务体验。我会立即就您反馈的这个情况进行跟踪调查，但需要您给予我一些处理的时间，结束通话后，我会立即帮您联系相关问题的紧急处理人，由他们进行处理，今天我下班前会给您回电并告知您事件的跟进处理情况，您看可以吗？"

第二步，认同感受（同）。使用礼貌用语，安抚客户情绪，对客户的愤怒和激动表示理解。学会换位思考，对客户的处境表示认同并对其进行安抚，比如："如果我遇到和您同样的情况，我也会感到不满。"当客户不接受安抚时，可以选择适当安抚，多倾听并及时回应，让客户感受到自己的问题被重视。当客户对理解和安慰性的话语表示反感时，尽量使用客户能接受或认同的语言，复述客户诉求，增加客户认可程度。比如："您刚才的意思是……，您刚才投诉的内容是……，您要求的解决方法是……"当共鸣引起客户不停地发泄，从而使局面难以控制时，要找到切入点并夺取话语权，尽量使用封闭性问题而不是开放性问题，掌握主动权并适时结束通话。比如："抱歉打断您一下，你是不是需要我们……，为了不耽误您的投诉处理时间，我现在立即帮您联系相关处理人并核实跟进，您看行吗？"

第三步，申述流程（申）。确认案件是否结案支付，被保险人是否已经收到第三者赔款，了解被保险人未支付第三者赔款的原因，告知客户投诉处理流程及投诉处理时效。在非工作时间，案件处于理赔状态，应委婉告知客户非工作时间，相关责任人未上班，理赔情况无法在线核对，需后续跟进核实。在被保险人因个人原因拒绝支付第三者赔款时，应告知第三者被保险人与公司的关系，我公司无法控制被保险人的行为，但可以尽量协调处理。遇到客户对投诉处理时效不满时，委婉地告知投诉处理需要有一个严谨的核实过程，不是通过一个电话或一条信息就能完成的，但仍然会尽快为客户处理，积极跟进并回复。

第四步，授予方案（授）。告知客户我们将在次日工作时间与相关机构沟通并确认案件处理状态，联系被保险人了解未赔付的原因，检视赔付环节是否存在客户所描述的问题，并将投诉处理结果及时告知客户。在不能立即解决客户问题使客户不满情绪上升时，采用同理心方式安抚客户，并认同客户的感受。比如："我和您一样，我也希望可以为您提供更优质的服务……"如果被保险人拒接电话，拒绝和第三者进行沟通，应尽力协调处理，并将沟通结果及时告知客户。如果客户的要求超出规则范围，首先对无法满足客户超出规则范围的要求表示歉意，然后表示只能在规则范围内为其服务，后续会对客户提出的问题进行复议和优化。遇到客户反复发泄不满的情况时，应该对客户给予人文关怀，表示客户的诉求我们已清楚明白，我们将及时处理客户诉求。比如："您说的问题我们已经了解了，现在时间也不早了，您说了这么多一定口渴/饿/困了，希望您好好休息，感谢您给予我们足够的处理时间……”

对以上的人物对话式案例进行学习和总结，将有助于我们正确处理难缠唠叨客户的投诉，在处理其他类型客户的投诉时，我们也可以通过“感”“同”“申”“授”的方法来更好地解决客户投诉，提升客户满意度。

通过这个案例，我们可以看到，人物对话式案例和剧情引导式案例的撰写方式比较类似，都是先叙后议。它们的区别在于：人物对话式案例以两人或多人的对话形式对案例冲突和过程细节进行描述；人物对话式案例的文字描述更加口语化。在撰写人物对话式案例时，要时刻注意对话中彼此的称呼和前后顺序。

这三种撰写方式是我们传承经验的常用方式，大家可以根据经验的类型和经验的复杂程度进行选择，其核心问题是如何通过创设案例情景帮助学员学习经验和运用经验。

在撰写案例的过程中，为了避免涉及企业现有的人和事，也为了避免信息和数据等企业机密外泄，从而影响当事人的职业生涯或现有工作环境，我们可以对案例中的敏感信息进行适当处理，如人物姓名、企业名称、地址、电话、特殊日期、经营数据、管理资料、特殊产品名称等。在撰写案例的过程中，我建议运用更改信息、隐去关键名称、乘以系数等方法进行处理。

传承方式三：岗位经验视频微课

岗位经验传承落地的第三种方式是岗位经验视频微课。常见的岗位经验视频微课类型有三种：第一种是讲解式视频微课，即当事人或讲师对着镜头讲述案例的经过和结果，并借助语言和道具等展现萃取出的业务专家经验；第二种是情景还原式视频微课，即通过真人表演再现案例的经过和结果，并在视频中展现和讲解萃取出的业务专家经验；第三种是 PPT 视频微课，即通过 GIF 人物或实景照片来还原案例中的主要情景，并以播放 PPT 的方式再现案例情景和业务专家经验。

讲解式视频微课，借助授课视频展现丰富内容，但需要专门的演播环境和设备，环境造价高，拍摄效率低。情景还原式视频微课，由于形象生动、有情景代入感，深受学员喜爱，但拍摄过程需要多人共同完成，后期编辑也需要专业人士的配合，拍摄和制作成本都很高。PPT 视频微课，通过 GIF 人物或实景照片来还原案例中的主要情景，能够满足学员的需求，且制作成本也比其他两种方式低。下面将重点介绍 PPT 视频微课的制作流程。

PPT 视频微课的优点如下：（1）软件学习成本低、上手快。大多数企业员工对于 PPT 的基本制作方法还是比较熟悉的，因此他们无须从头学起；（2）素材丰富，输出形式多样化。目前国内外知名的 PPT 素材网站有上百家，而且大多数网站还提供丰富的免费素材，这为制作 PPT 视频微课提供了资源保障；（3）分页制作，可随时修改，输出效率高。用 PPT 制作岗位经验视频微课，能够实现分页语音录制、单独页面修改、一键整合视频输出，大大缩短了微课脚本的准备时间，降低了制作微课的难度。需要注意的是，在制作 PPT 岗位经验视频微课时，我们需要使用 PowerPoint 2010 以上的版本。录制时，我们可以使用电脑自带的麦克风，为了使录制效果更好，也可以使用独立麦克风。

接下来，我详细介绍一下 PPT 视频微课的制作流程，如图 5-1 所示。

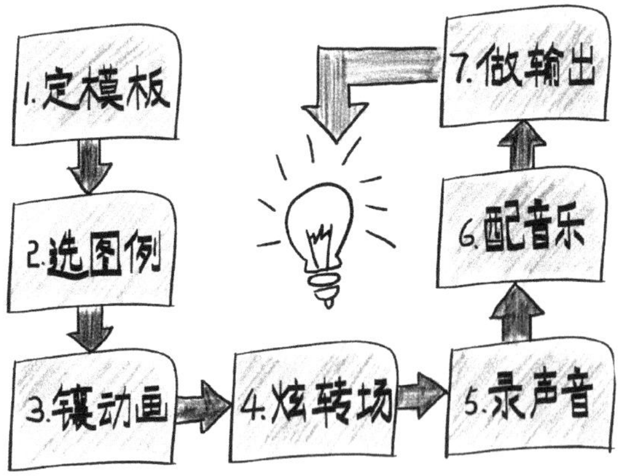

图 5-1　PPT 视频微课制作流程

定模板，简约大方

制作视频微课的 PPT 模板应简约大方，我建议将幻灯片的背景颜色设置为单色，并将与内容主旨无关的修饰元素统统去掉，只保留必要的内容即可。这种简约风格的单色背景的优点在于：（1）单色背景容易在视觉上达到留白效果，使重点内容清晰明确；（2）从网络上下载的很多无背景图片，无须处理就能与幻灯片的单色背景融为一体；（3）单色背景的视频微课，更容易使学员集中注意力。

录制视频微课的 PPT 模板建议采用 16∶9 的显示比例。由于人的瞳孔形状是接近长方形的，长宽比接近 16∶9，所以 16∶9 的版式更符合我们的审美。在传统的 4∶3 窄屏画面里，每页的内容只能围绕一个中心点进行布局，画面略显局促。而在 16∶9 的宽屏画面里，画面可以左右布局，可以有两个中心，可以实现两个画面甚至多个画面的同步演示，如目录和内容的同步变换、观点和论据的同步变换等。在 16∶9 的宽屏画面里，导航、观点、解释和论据都能够依层次摆放，而且不显得拥挤。这里需要着重提醒的是，制作宽屏 PPT 视频微课时，要在开始制作前将显示比例修改为 16∶9。如果在添加内容后再进行修改，会导致图片宽高比改变、图片失真。修改的方法是，打开菜单中的“设计”选项卡，选择“幻灯片大小”，在下拉菜单中选择“宽屏 16：9”模式，如图 5-2 所示。

图 5-2　如何设置 16：9 的显示比例

选图例，配合到位

每张幻灯片都应尽可能做到图文并茂。制作视频微课比制作普通 PPT 的要求要高，图片和文字要经过精心的构思与合理的排版，而不是简单的堆砌。要对每张幻灯片的文字进行提炼、精简和拆分，力求做到重点突出和主题明确。在幻灯片中呈现文字时，建议使用对比的手法，强调关键词和关键句，以增强视觉效果，让学员一眼就能看到本张幻灯片的核心内容，常用的强调和突出文字的方法有加粗、放大、变色和加特效等。

在为 PPT 配图时，要求图片内容必须与 PPT 中展示的内容所传递的观点保持一致。从左右脑的分工来看，经验中的方法和技巧属于左脑分工的逻辑性内容，而配图属于右脑分工的图像化内容。在 PPT 中配图是为了让学员从感性的角度去理解每张幻灯片中所讲授的内容或观点，帮助学员更好地理解和记忆讲授内容。在此，建议大家配合使用一些 GIF 人物动画或实景图片（将其作为内容引导元素），如图 5-3 所示。

图 5-3　图文配合到位

镶动画，效果合理

在制作 PPT 视频微课的过程中，为了吸引学员的注意力，我们要为幻灯片中的文本和对象设置合理的动画。在 PPT 视频微课中设置动画有三个目的：一是让学员的目光始终聚焦在当前页面，变被动阅读为主动欣赏，从而保持思维与注意力的同步；二是实现旁白与文字音画同步的效果，让视频内容的呈现清晰、准确；三是让画面显得生动活泼，从而增加视频微课的观赏性和艺术性。

很多 PPT 视频微课的制作者为了显示自己的能力，经常在页面中为文字和图片设置大量动画。这样做出来的效果看起来可能不错，但实际上真的是这样吗？首先，我们要知道 PPT 视频微课的主体是什么？对，它的主体是案例情景和业务专家经验！如果在 PPT 视频微课中设置了大量的无关动画，就会不可避免地干扰学员对内容本身的关注，甚至过多的动画会让学员错过重要的内容。在制作 PPT 视频微课时，动画通常有三种用途。第一，展示流程。在涉及有关步骤、流程、阶段的内容时，我们可以通过动画来逐条显示。第二，提问思考。有时在一页内容中既包含对学员提出的问题，又包含解答这个问题的答案。如果不设置动画，就需要多做出一个页面，这样会使视频变得页面过多且逻辑不清。第三，突出重点。通过设置不同效果的动画来吸引学员的关注，从而达到突出重点内容的目的。

PPT 视频微课的动画设计要简单合理。简单是指使用出现、飞入、擦除等最基本的动画效果即可；合理是指文字进入画面的方向应符合人们的阅读习惯，动画进入的路径尽可能短一些，且在播放动画的过程中，各项内容不要互相干扰。

炫转场，层次丰富

转场是指 PPT 放映时切换页面的一种特殊设置，它增添了两个页面之间衔接的过渡效果。设置切换效果，可以动态引出每一页的内容，也可以用于强调某几页的内容。另外，在编辑 PPT 视频微课时，经常出现两段需要连接但场景不一样的页面，添加转场后就会比较自然，制作出来的视频观看起来也会更加流畅。

在 PPT 中，如图 5-4 所示，可以通过菜单中的“切换”选项卡来选择转场效果。

图 5-4　幻灯片转场效果

录声音，讲解清晰

接下来，我们结合 PPT 页面的内容，为视频微课录制讲解背景音，以达到音画同步的效果。其制作步骤如下。

（1）打开已经设计和制作好的 PPT 视频微课脚本。

（2）通过“幻灯片放映”中的“录制幻灯片演示”逐页录制讲解背景音。具体操作是将上方功能区的选项卡切换至“幻灯片放映”选项卡，然后选中“录制幻灯片演示”，单击“从头开始录制”，如图 5-5 所示。

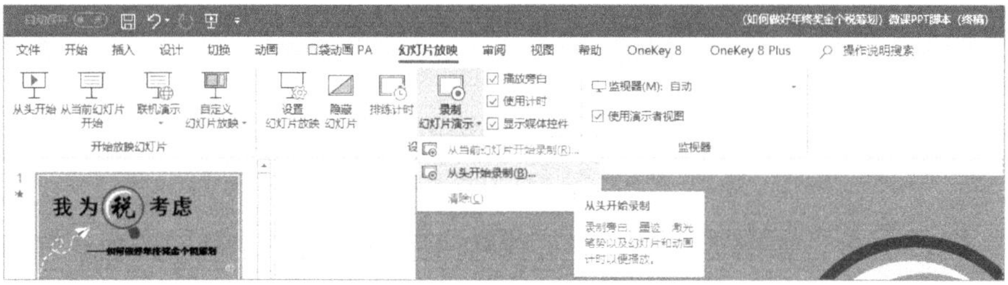

图 5-5　录制幻灯片演示

（3）开始录制讲解背景音。进入幻灯片播放界面，单击左上角的“录制”按钮，使用麦克风录制讲解背景音，如图 5-6 所示。在录制过程中，可以通过单击屏幕左右两侧的“三角”按钮，切换幻灯片及幻灯片的动画效果，也可以单击鼠标左键或按空格键进行切换。

图 5-6　录制幻灯片讲解背景音页面

（4）录制完成后，放映界面会自动退出，此时每张幻灯片的右下角会出现喇叭图标（可以单击试听），如图 5-7 所示。

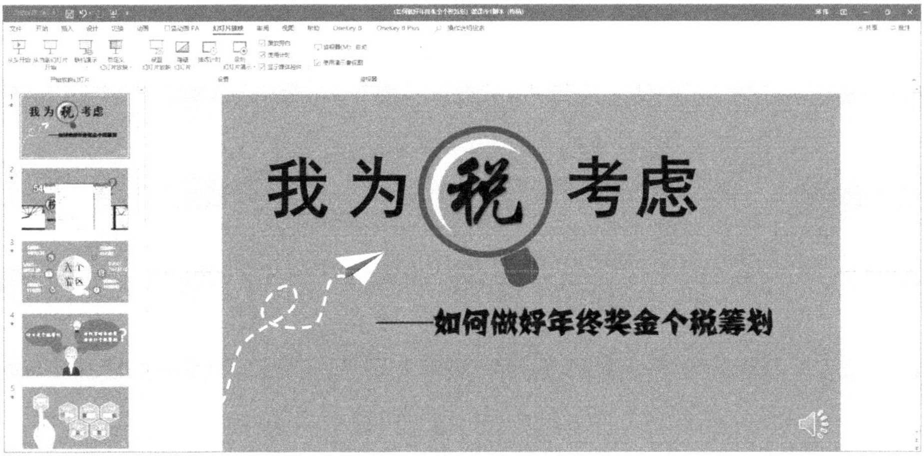

图 5-7　录制完成的幻灯片

在演示幻灯片的过程中，可使用标注笔为重点内容加标注。鼠标与标注笔切换的快捷键为“Ctrl+P”，如果需要擦除标记，可以按键盘中的字母“E”键。

配音乐，保持连贯

在 PPT 视频微课中添加背景音乐，能够减少学员在观看视频的过程中，由于语音和画面的停顿或留白而造成的注意力分散和兴趣度降低的问题。同时，连贯的音乐节奏也有利于学员全身心投入视频微课中。

为 PPT 视频微课添加背景音乐的步骤如下。

（1）打开“插入”选项卡，选择“音频”，在下拉列表中选择“PC 上的音频”，如图 5-8 所示，在出现的“插入音频”对话框中选中要作为背景音乐的文件，然后单击“确定”即可。

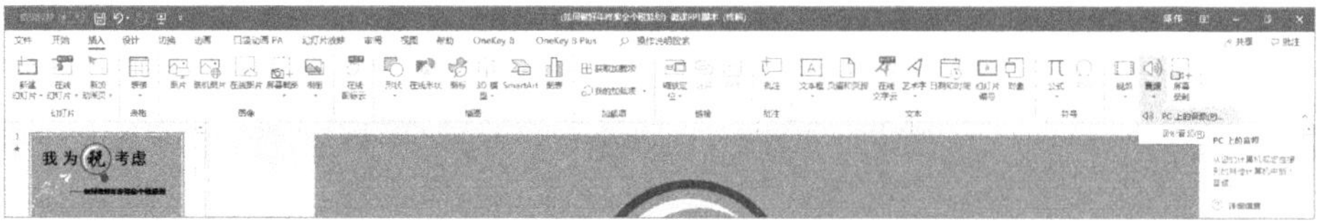

图 5-8　插入“PC 上的音频”

（2）用鼠标右键单击插入的声音对象（喇叭图标），在弹出的快捷菜单中选择“自定义动画”，在出现的“动画窗格”中，单击刚刚插入的音乐选项右侧的下拉箭头，在出现的“播放音频”中单击“效果”标签，如图 5-9 所示。

图 5-9　“播放音频”对话框

（3）在弹出的“效果”对话框中，选中“停止播放”下面的“在××张幻灯片之后”（中间××为数字），在中间的数字增减框中输入适当的数字，数字可以根据幻灯片的总张数来设定。比如，幻灯片一共有 49 张，那么我们可以输入“50”，单击“确定”按钮，这样就可以实现直到幻灯片结束，背景音乐都不会停止的效果，如图 5-10 所示。

图 5-10　设置“停止播放”

（4）如果插入的声音文件比较短，那么可以切换到“计时”标签，在“重复”右侧的下拉列表框里选中“直到幻灯片末尾”，单击“确定”按钮这样就可以避免由于声音文件太短而导致的演示到后面没有背景音乐的情况，如图 5-11 所示。

图 5-11　设置重复播放

做输出，生成视频

制作好 PPT 视频微课后，打开“幻灯片放映”选项卡，选择“从头开始”，检查视频录制效果，如图 5-12 所示。有问题的页面可以重新录制，修改后再次检查视频录制效果，直到满意为止。

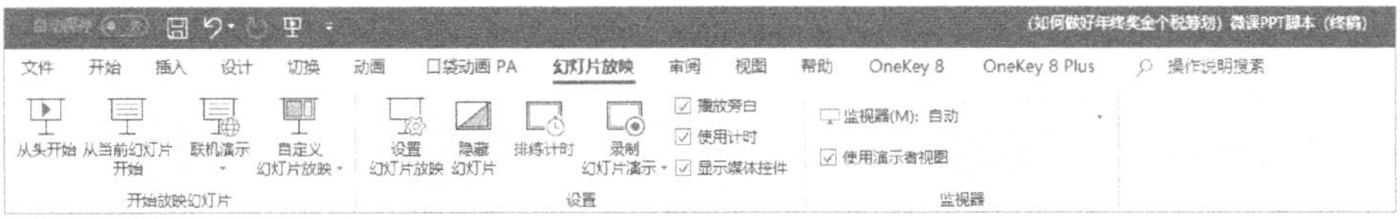

图 5-12　幻灯片放映

输出视频时，打开“文件”选项卡，选中左侧的“另存为”选项，再选择“保存位置”与“保存类型”，保存格式选择“MPEG-4 视频”，单击“保存”按钮即可，如图 5-13 所示。

图 5-13　另存为“MPEG-4”格式

完成上述操作后，在页面下方有一行“正在制作视频”的字样，后面还有一个进度条，如图 5-14 所示，待进度条显示 100%完成时，PPT 视频微课也就制作完成了。

图 5-14　正在制作视频

本章回顾

下面是针对本章内容的要点回顾，请选出正确的答案。

1. 技能习得与发展包括三个典型阶段，它们分别是认知阶段、__________、自主阶段。（转化阶段/关联阶段）

2. 从内容上来说，案例的标题一般分为三类，它们分别是__________、观点评价类标题和比喻修辞类标题。（任务名称类标题/课程名称类标题）

3. 一般情况下，只有复杂案例才需要撰写案例摘要，案例是否复杂主要看案例的冲突数量。（正确/错误）

4. 首先通过案例背景的介绍，展现案例的核心冲突，然后针对核心冲突展开描述核心冲突的处理细节，最后针对案例给出的经验进行总结。这类案例主要突出的是冲突处理的过程细节，并未在案例中对解决方法进行深入说明。这是什么类型的案例？（剧情引导式案例/方法嵌入式案例）

5. 在叙述某一件事的同时，又对这件事进行解决分析。这种方法既能具体地叙述人物和事件，同时又能揭示所写对象处理冲突和问题的过程。在案例中，冲突和细节的关系是，冲突是铺陈，过程细节是延展。这是什么类型的案例？（剧情引导式案例/方法嵌入式案例）

6. 人物对话式案例是以人物之间的对话为主线来推进案例中的冲突展开和过程发展的一种案例。此类案例适用于销售、服务、管理、辅导等以人际交往为主要工作情景的任务。（正确/错误）

7. PPT 视频微课的制作步骤包括定模板、选图例、镶动画、______、录声音、配音乐、做输出。（炫转场/选内容）

参考答案

1. 关联阶段

2. 任务名称类标题

3. 正确

4. 剧情引导式案例

5. 方法嵌入式案例

6. 正确

7. 炫转场

参考文献

［1］詹姆斯·马奇. 经验的疆界［M］. 丁丹，译. 北京：东方出版社，2017.1.

［2］达琳·M. 范·提姆，詹姆斯·L. 莫斯利，琼·C. 迪辛格. 绩效改进基础：人员、流程和组织的优化［M］. 易虹，姚苏阳，译. 第三版. 北京：中信出版社，2013.10.

［3］哈罗德·斯托洛维奇，艾丽卡·吉普斯. 从培训业务专家到绩效顾问［M］. 杨震，颜磊，古明樾，译. 南京：江苏人民出版社，2014.3.

［4］斯特兰·奥尔松. 深层学习：心智如何超越经验［M］. 赵庆柏，唐云，陈石，译. 北京：机械工业出版社，2017.3.

［5］大前研一. 思考的技术——思考力决定竞争力［M］. 刘锦绣，谢育容，译. 第2版. 北京：中信出版社，2010.11.

［6］斯滕伯格. 认知心理学［M］. 杨炳军，陈燕，邹枝玲，译. 北京：中国

轻工业出版社，2006.1.

[7] 约翰·安德森. 认知心理学及其启示 [M]. 秦裕林，程瑶，周海燕，等译. 北京：人民邮电出版社，2015.9.

[8] 芭芭拉·明托. 金字塔原理 [M]. 汪洱，高愉，译. 海口：南海出版公司，2010.8.

[9] 本尼迪克特·凯里. 如何学习 [M]. 玉冰，译. 杭州：浙江人民出版社，2017.7.

[10] 安德鲁·索贝尔，杰罗德·帕纳斯. 提问的艺术：为什么你该这样问 [M]. 陈艳，译. 北京：中国人民大学出版社.

[11] 高杉尚孝. 麦肯锡问题分析与解决技巧 [M]. 郑舜珑，译. 北京：北京时代华文书局，2014.6.

[12] 易虹，朱文浩. “技控”革命：从培训管理到绩效改进 [M]. 南京：江苏人民出版社，2017.2.

[13] 邱昭良. 复盘+把经验转化为能力 [M]. 第 2 版. 北京：机械工业出版社，2018.1.

[14] 安德斯·艾利克森，罗伯特·普尔. 刻意练习 [M]. 王正林，译. 北京：

机械工业出版社，2016.10.

[15] 安宅和人. 麦肯锡教我的思考武器 [M]. 郭菀琪，译. 北京：北京联合出版公司，2013.11.

[16] 罗伯特 ·K. 殷. 案例研究：设计与方法 [M]. 周海涛，李永贤，李虔，译. 中文第 2 版. 重庆：重庆大学出版社，2012.11.

[17] 戴维 · 艾伦. 搞定 I ：无压工作的艺术 [M]. 张静，译. 北京：中信出版社，2016.5.

[18] 史蒂夫 · 诺特伯格. 番茄工作法图解：简单易行的时间管理方法 [M]. 大胖，译. 北京：人民邮电出版社，2011.2.